DU MONOPOLE

ET

DES PRIVILÉGES

DE LA

PRESSE PARISIENNE

DU MONOPOLE

ET

DES PRIVILÉGES

DE LA

PRESSE PARISIENNE

O mes amis, en vérité je vous le dis :
Écrasons l'Infâme... sous les *grands principes de* 1789.

PARIS

IMPRIMERIE DE HENRI CARION

RUE BONAPARTE, 64

1866

DU MONOPOLE

ET

DES PRIVILÉGES

DE LA

PRESSE PARISIENNE

O mes amis, en vérité je vous le dis :
Écrasons l'Infâme... sous les *grands principes de* 1789.

Certains esprits naïfs commencent à s'apercevoir que le journalisme, redevenu comme par le passé un quatrième pouvoir, n'a jamais été un sacerdoce, ainsi qu'ils l'avaient longtemps pensé et comme la foule se l'imagine encore ; qu'il constitue simplement une industrie *sui generis,* un commerce dans lequel il ne se commet pas moins de tromperies sur la nature et la qualité de la chose vendue que dans un autre. Les révélations qui, à ce sujet, se sont récemment produites dans l'enceinte législative dispensent de traiter le côté moral de la question que soulève un pareil état de choses ; nous nous bornerons dès lors à en envisager ici le côté politique.

Chacun convient qu'il y a là tout à la fois un abus et un danger.

L'abus est le mauvais côté de la liberté de la presse, et malheureusement il en est inséparable. Aujourd'hui il y aurait plus que de la folie à vouloir supprimer la cause pour détruire l'effet ; mais il appartient à la politique de savoir, par une intelligente réglementation, amoindrir, dans l'intérêt général, le danger permanent qui résulte de l'existence d'un mal inévitable, nécessaire.

Tel est aussi le but que se sont toujours proposé, sans d'ailleurs pouvoir jamais l'atteindre, les lois spéciales qui, depuis 1791, ont successivement régi la presse.

En cherchant à réglementer un droit inscrit au nombre des *grands prin-*

cipes de 1789, et qui, à ce titre, ne saurait être l'objet d'une restriction fiscale, le législateur a toujours omis d'établir une distinction bien nette et bien tranchée entre le citoyen usant d'un droit politique, et le spéculateur pour qui l'exercice de ce droit devient une industrie particulière et des plus fructueuses.

De là, une regrettable confusion d'idées qui s'est généralement introduite dans les esprits, amenés ainsi à ne voir dans le spéculateur politique qu'un généreux citoyen exclusivement préoccupé de la défense des intérêts nationaux, et, dans l'impôt très-justement prélevé par le fisc sur les produits d'une industrie *comme une autre*, qu'une entrave mise par le pouvoir à la liberté de la presse invariablement promise et garantie par toutes nos constitutions.

Une autre erreur capitale du législateur a encore été de s'efforcer, dès l'origine, de centraliser autant que possible l'industrie journalistique à Paris, et de rendre à cet égard la province complètement tributaire de la capitale. En agissant ainsi, il obéissait à des considérations qui pouvaient paraître spécieuses à la fin du siècle dernier et au commencement de celui-ci, mais qui depuis longtemps sont sans aucune espèce de valeur ni de vérité.

Et c'est de la sorte que, sans le vouloir, il a été conduit à créer dans l'État un quatrième pouvoir, le journalisme parisien, à l'aide d'un ensemble de dispositions fiscales qui n'étaient en réalité qu'autant de *priviléges* concédés en violation flagrante des *grands principes de* 1789, et que les impétrants ont bien vite proclamé constituer en leur faveur des droits constitutionnels au religieux maintien desquels se liait indissolublement l'existence même des libertés nationales.

Cette usurpation évidente eût pu à la rigueur se tolérer, si, moins ambitieux dans ses prétentions, le *quatrième pouvoir* avait voulu se contenter du rôle attribué dans le jeu de nos institutions à l'exercice de la liberté de la presse. Mais on l'a toujours vu tendre à absorber en lui les pouvoirs seuls institués ou reconnus par la constitution, et n'y réussir que trop souvent.

La législation actuelle, basée sur les errements traditionnels et caducs de la routine administrative, a-t-elle mieux réussi que les précédentes à prévenir les périls auxquels tant de gouvernements ont fini par succomber ?

Certes, il est permis d'en douter.

Il faudrait, en effet, être sourd et aveugle pour n'avoir pas conscience du travail de sape, ardent et incessant, qui se fait autour du gouvernement impérial, d'une part à l'aide d'une presse que l'on a grand soin de proclamer *enchaînée*, réduite dès lors pour toutes armes à des insinuations plus ou moins perfides ; et de l'autre, au moyen d'un vaste système de diffamation suppléant au prétendu *mutisme forcé* des journaux, tantôt pour répandre les rumeurs les plus malveillantes, tantôt pour prêter les plus honteux mobiles aux mesures les plus sages et les plus utiles prises par le pouvoir, toujours pour semer les haines, les défiances et la déconsidération.

A cet égard un accord merveilleux s'est tout de suite établi tacitement entre les différents partis, et c'est en invoquant à tout propos les *grands principes de* 1789, arbitrairement définis et interprétés de manière à servir en même temps d'engin et d'abri, qu'on mine sans relâche les bases de l'édifice en attendant le moment où l'on espère qu'il suffira du moindre souffle contraire pour le renverser.

Par cette tactique, on est déjà parvenu à faire encore une fois accroire à la foule, qui a eu bien vite oublié les désillusionnements de 1848, que, malgré les entraves qui lui sont imposées par un régime *draconien*, la presse est toujours le palladium par excellence des droits et des libertés de la nation, et que seuls aujourd'hui les journaux, avec un patriotisme aussi dévoué que désintéressé, réprésentent et défendent les aspirations légitimes et les véritables besoins de la France.

Qu'ont d'étonnant les manifestations de plus en plus menaçantes du Suffrage universel, quand c'est le journalisme parisien qui lui dicte ses choix ?

Survienne donc demain une de ces crises redoutables et fatales qu'il faut savoir prévoir au milieu même des merveilleuses prospérités auxquelles nous assistons, et d'une trentaine de boutiques qu'on a laissées s'ériger en chaires privilégiées, retentissant incessamment des prédications les plus propres à séduire la foule, on ne manquerait pas de voir surgir de nouveau les régulateurs suprêmes des destinées du pays.

En face d'une pareille situation, persister à n'employer que des palliatifs dont l'inefficacité est évidente, équivaudrait à une abdication, à un suicide.

Un Louis XV seul a pu dire : « Après moi le déluge ! »

Ce serait d'ailleurs nourrir une déplorable illusion que de s'imaginer qu'il sera toujours assez temps, quand on le voudra, d'en finir par la force avec une agitation factice. Dans la vie des peuples, il vient un moment où il y a pour le pouvoir impossibilité de résister à la marée montante de la désaffection. Sans doute le flot reculera plus tard de lui-même...., mais après avoir tout englouti.

Une politique habile, parce qu'elle serait franchement libérale, en annihilant entre les mains des partis le redoutable engin de destruction dont l'imprévoyance de la législation les a munis, éloignerait indéfiniment la possibilité d'un de ces conflits néfastes où la presse joue toujours un rôle si important, et à la seule pensée desquels se redressse le sanglant fantôme des guerres civiles.

*
* *

Une réforme du journalisme est urgente, mais elle doit être accomplie dans l'esprit et avec l'appui des *grands principes de* 1789 ; de même aussi qu'elle ne saurait consister que dans la *décentralisation*, le *parcellement* et la *localisation* de cette industrie, qui a pour base la curiosité publique et pour but l'exploitation politico-commerciale des passions et des préjugés de la foule.

Or la décentralisation, le parcellement et la localisation du journalisme ne peuvent résulter que de l'*abolition du monopole* et de la *suppression des priviléges.*

C'est au pouvoir qu'il appartient de prendre résolûment l'initiative de la réforme d'un état de choses qui ne profite qu'aux journaux. Pour cela, il n'a qu'à s'inspirer une fois de plus des *grands principes de* 1789, imprudemment violés par les gouvernements précédents, alors qu'ils ont constitué le journalisme en monopole, et quand, par une manifeste négation du principe tutélaire de l'égalité de tous devant la loi et devant l'impôt, au lendemain du 4 août 1789, ils ont doté de priviléges exorbitants en matière d'impôts ce bâtard de la politique et des lettres.

Qu'il en soit des journaux comme des fiacres. Que puisse en établir qui voudra, en se conformant aux lois et aux règlements de police. Partant, plus de monopoles. Mais aussi plus de priviléges.

La décentralisation, le parcellement et la localisation du journalisme sont à ce prix.

Cette réforme, tout en conservant au gouvernement la direction de l'esprit public, qui doit toujours lui appartenir, et qui lui échappe de plus en plus à l'heure qu'il est, aura bientôt réduit le journalisme à ne plus être que ce qu'il doit être : une industrie libre comme toute autre, continuant sans doute à avoir ses inconvénients comme les diverses industries incommodes ou dangereuses, mais hors d'état désormais de tenir en échec les grands pouvoirs constitutionnels et d'exercer, comme aujourd'hui, une influence prépondérante sur la direction des affaires publiques.

*
* *

Encore un coup, il faut *parceller, décentraliser* et *localiser* le journalisme.

La centralisation de l'exploitation commerciale de l'opinion a pu avoir autrefois sa raison d'être et ses avantages politiques; depuis longtemps elle n'est plus qu'un obstacle et un danger. Aujourd'hui, elle ne peut être recommandée que par l'aveugle routine; elle ne saurait avoir d'autres défenseurs que les intérêts privés, toujours si âpres à la curée, toujours si habiles à se dissimuler sous de beaux semblants.

Ils ne manqueront pas d'objecter que le pouvoir ne gagnera rien à la décentralisation du journalisme; que le danger sera toujours le même et peut-être plus grand encore, parce que le travail de mine et de démolition se fera alors sur une plus vaste échelle et sur tous les points du pays à la fois...

Non, il n'en sera pas ainsi : d'abord, parce que l'adoption du principe de la liberté commerciale en matières de journaux ne dessaisira le pouvoir d'aucun des moyens réels et légaux d'influence et de répression dont il dispose aujourd'hui; ensuite, par la raison que la presse locale, devenue une industrie comme une autre et soumise, elle aussi, par la concurrence, à des nécessités commerciales, n'exercera jamais dans son cercle naturel et immédiat d'action autant d'influence que les quelques numéros des différentes feuilles de Paris que la poste y distribue maintenant tous les jours, et dont les articles sont partout colportés et accueillis comme paroles d'Évangile, parce que ceux qui les ont écrits y sont inconnus de tous... *Major è longinquo reverentia*.

En province, il est difficile de passer d'emblée, aux yeux de ses voisins, à l'état d'esprit supérieur et de grand citoyen. On y connaît la vie et on y tient compte des antécédents de l'homme qui se donne la mission de redresser les erreurs et les fautes de l'administration. S'il a conquis quelque crédit, soyez assuré que le plus souvent c'est uniquement parce que, tout en criant aussi haut que les privilégiés de la capitale à l'asservissement de la presse, il exploite fort à l'aise un fructueux monopole. Quand l'industrie du journalisme sera libre, la concurrence aura bientôt annihilé cette influence de raccroc, qui d'ordinaire n'existe qu'à la condition de se reconnaître l'humble vassale de la presse de Paris, et d'obéir aveuglément en tout et partout à son mot d'ordre.

C'est encore la libre concurrence qui aura bientôt fait surgir en province de plus habiles avocats de la cause du pouvoir. Alors, l'idée gouvernementale y sera défendue avec plus de spontanéité, avec plus d'indépendance, par conséquent bien plus utilement, par des écrivains ne relevant pas comme aujourd'hui de quelque autre monopoleur privilégié et fainéant, qui, lui aussi, s'engraisse commodément dans l'agréable canonicat qu'on lui a baillé, qui attrape même parfois la croix à ce rude labeur, et qui toujours a grand soin d'abandonner, et pour cause, à des chantres piètrement gagés la corvée de glorifier le Seigneur en son lieu et place.

* *

L'application du grand et fécond principe de la liberté commerciale à l'exploitation de l'opinion implique l'abandon du droit d'autorisation préalable et de suppression par simple voie de mesure administrative.

Cette prérogative dont la législation actuelle a investi le pouvoir est le principal grief que font valoir les ennemis du gouvernement impérial pour le battre continuellement en brèche au nom des principes de 1789 méconnus et violés.

Elle était justifiable, à l'origine, par les nécessités politiques qu'avaient créées des circonstances exceptionnelles. Si elle était encore utile aujourd'hui, sans aucun doute il faudrait la maintenir à tout prix ; mais puisque les faits prouvent irréfragablement qu'au lieu d'être une arme défensive pour le pouvoir, elle n'a plus d'autre résultat que de fournir aux ennemis du gouvernement impérial le plus spécieux des prétextes pour le tenir dans l'esprit des masses en état constant de suspicion de tendances arbitraires, n'y aurait-il pas de l'habileté pratique à y renoncer ?

Sur dix autorisations accordées, neuf l'ont été à des journaux devenus ouvertement hostiles tout aussitôt après leur apparition.

Qu'a-t-on gagné à ce que les faiseurs favorisés, entrepreneurs de ces journaux, pour avoir part au gâteau du monopole et du privilége, aient dû préalablement ou donner des garanties illusoires, ou prendre des engagements qu'ils ne devaient pas être obligés de tenir ?

Donc, que le gouvernement sache se faire aux yeux des masses un mérite de sa renonciation à une prérogative dont en réalité il tire si peu de profit, et qui blesse les sentiments que tant de révolutions n'ont fait que plus profondément inculquer dans les esprits.

Qu'à un tel sacrifice il en joigne un autre, certes aussi peu coûteux, en rendant à la magistrature l'exercice du droit de suspension et de suppression, cette rutilante *épée de Damoclès* que les journalistes se complaisent tant à nous montrer tenue constamment sur leurs têtes par une administration arbitraire et despotique.

Qu'il aille même encore plus loin dans la stricte observation des *grands principes de* 1789, et qu'à l'instar de plusieurs gouvernements étrangers, il affranchisse les journaux *purement* POLITIQUES de l'impôt du timbre dont les journaux *purement* LITTÉRAIRES se trouvent déjà exemptés.

Ces mesures si franchement libérales, auxquelles la France entière applaudira parce qu'elle y verra à bon droit ce *couronnement de l'édifice* solennellement promis, impatiemment attendu, et que les journaux ne se donnent l'air de désirer avec tant d'ardeur que parce qu'ils le croient irréalisable dans les conditions d'existence où le pouvoir est maintenant placé ; ces mesures si sages, qui d'ailleurs *ne compromettront en rien les intérêts du Trésor*, seront un éclatant hommage de plus rendu par un gouvernement éclairé, loyal et fort aux *grands principes de* 1789, une consécration nouvelle de celui de ces principes qui veut que, sur cette généreuse et noble terre de France, tout citoyen puisse librement imprimer et vendre ses opinions propres sur les affaires publiques comme sur toutes autres matières, sauf par lui à se conformer aux lois réglant l'exercice de ce droit imprescriptible.

La politique nouvelle n'abrogera pas d'ailleurs l'obligation du versement préalable dans les caisses du Trésor d'un cautionnement en espèces, imposée par la législation actuelle à tout entrepreneur de journal politique ; cautionnement produisant intérêt, et destiné à garantir au besoin et par privilége, le paiement :

1° Des amendes au profit du Trésor public encourues par ledit journal pour atteintes portées à la constitution et aux lois ;

2° Des dommages-intérêts auxquels ce même journal peut être condamné envers des tiers, pour exercice abusif de la liberté de la presse ;

3° Des dettes commerciales généralement quelconques de l'entreprise.

Il ne doit donc pas être admis de privilége de second ordre en faveur d'un bailleur de fonds complaisant.

En face d'une presse notoirement malveillante et hostile, le pouvoir restera toujours armé, comme par le passé :

1° Du droit d'accorder ou de refuser l'autorisation de vendre et colporter sur la voie publique ;

2° Du droit de *communiqué*, qu'il faudrait inventer s'il n'existait pas ;

3° Du droit d'avertissement, qui, en cas de récidive, doit avoir pour sanction le droit de suspendre pour un temps plus ou moins long, ou de retirer définitivement l'autorisation de la vente et du colportage sur la voie publique ;

4° Enfin, du droit de traduire devant les juges correctionnels le journal qui se rend coupable de délits de presse dont la gravité emporte la condamnation des écrivains à la peine de l'emprisonnement, et celle de l'entreprise commerciale à des amendes au profit du Trésor public ; les magistrats pouvant même ordonner de plus la suppression immédiate de la feuille condamnée, ou seulement la suspension temporaire de sa publication (1).

C'est assurément autant qu'il en faut pour tenir la presse en bride, malgré et peut-être en raison même de l'énorme quantité de journaux que fera surgir sur tous les points de la France l'abolition des monopoles, corroborée par la suppression des priviléges établis en faveur de la presse parisienne.

____

(1) Il ne serait pas inutile, dans l'une et l'autre de ces hypothèses, que la loi eût soin de spécifier expressément que la condamnation encourue par la feuille condamnée ne saurait être opposée comme *cas de force majeure* par l'entrepreneur, à ses créanciers et abonnés, lesquels, pour le remboursement de leurs créances respectives, doivent toujours conserver leur recours personnel contre le gérant et sur le cautionnement de l'entreprise. — On a vu un entrepreneur se consoler du silence de deux mois qui lui avait été imposé, en réalisant 100,000 francs de bénéfices nets à ne pas servir pendant ce temps-là, pour *cause de force majeure*, les abonnements dont il avait perçu le montant d'avance.

Cela revient à dire que *la libre concurrence* annihilera le journalisme comme puissance politique, et, en vulgarisant de plus en plus une industrie que tant de bons esprits qualifient de lèpre sociale, finira par rendre autrement facile la tâche du pouvoir.

Ainsi, voilà qui est entendu.

Aujourd'hui établit à Paris, un fiacre qui veut, sauf par lui à se conformer aux divers règlements de police édictés dans l'intérêt de l'utilité et de la sécurité générales, et à la charge aussi de très-exactement acquitter à la caisse municipale, par trimestres *toujours payés d'avance*, un droit de circulation et de stationnement fixé à 360 fr. par an, pour chaque numéro de fiacre qu'il offre au public.

De même, à Paris comme à Pézenas ou à Landerneau, fondera demain un JOURNAL POLITIQUE, *non astreint au timbre*, qui voudra, sauf par lui à préalablement déposer au Trésor à Paris, à la recette générale en province, un cautionnement dont la loi a très-équitablement déterminé la quotité suivant l'importance des localités.

Plus heureux que le cocher de fiacre à qui M. le Préfet de police continue d'imposer une certaine tenue afin d'arrêter, autant que possible, les tendances au débraillé qui sont le propre de cette classe de travailleurs ; plus heureux, disons-nous, que cet humble cocher, condamné en outre à ne jamais franchir dans ses exigences les étroites limites d'un tarif de fer qui n'a pas plus égard aux froids et aux neiges de l'hiver qu'aux chaleurs torrides et aux pluies torrentielles de la belle saison, le journaliste se costumera à sa guise, se grimera au mieux de ses intérêts, obtiendra gratis l'autorisation de faire vendre ou colporter sur la voie publique sa marchandise, qu'il confectionnera comme il l'entendra, et fixera à son gré le prix de la feuille dans laquelle il régentera de haut les actes des ministres, des corps constitués et des autorités administratives, et critiquera à tort et à travers tout ce qui se passe dans le domaine de la politique ou des affaires, de même que dans le monde des lettres, des sciences et des arts.

En cela, proclamons-le une fois de plus, il ne fera qu'user d'un droit qui découle incontestablement pour tous des *grands principes de* 1789. Son industrie est parfaitement licite ; elle doit donc être libre comme toutes autres, et astreinte seulement, aussi comme toutes autres, à l'acquit d'une patente proportionnée à l'importance commerciale de la localité où elle s'exploite.

Frapper d'un impôt spécial, ainsi que cela se pratique encore aujourd'hui, chacun des produits de cette industrie *sui generis*, c'est méconnaître les *grands principes de* 1789 ; c'est de plus les violer maladroitement, puisque, dans ce système suranné, l'impôt pèse en réalité, non pas sur le producteur qu'il veut et croit atteindre, mais sur le consommateur qui n'en peut mais.....

On voit que nous supposons le monopole des journaux par l'autorisation préalable, aboli comme vient de l'être celui des fiacres, et enterré pour toujours comme l'ont déjà été, au grand avantage des masses, vingt autres monopoles tout aussi peu justifiables, et qui pourtant avaient aussi naguère leurs avocats zélés, criant bien haut que, le jour où le pouvoir oserait y toucher, tout serait perdu. Mais pour ne reposer encore que sur une fiction, notre argumentation ne perd rien de son opportunité ni de sa solidité.

En tout état de cause, on ne saurait jamais le trop répéter : Aujourd'hui le journal *purement* POLITIQUE ne doit pas plus être soumis à l'autorisation préalable et, s'il n'a rien de financier ni d'industriel, à l'obligation du timbre, que le journal *purement* LITTÉRAIRE, parce que l'un et l'autre émanent du même droit, lequel est inscrit parmi les *grands principes de* 1789.

**

La question change tout à fait de nature et d'aspect, quand il convient aux entrepreneurs de journaux, soit politiques, soit exclusivement littéraires ou judiciaires, de modifier le caractère essentiel de leurs feuilles respectives, en les consacrant aussi et concurremment à la très-fructueuse exploitation des besoins spéciaux du commerce et de l'industrie, à qui ils se chargent dès lors de fournir certains renseignements utiles à la bonne gouverne de leur s intérêts ; ou bien encore, lorsqu'ils se mettent à la solde de la spéculation en tout genre, pour qui la publicité devient un puissant moyen de succès.

Reproduire le prix courant des marchandises sur la place, le prix des denrées sur le carreau des halles et marchés, la cote des valeurs industrielles en bourse, d'après des documents officiels, *mais astreints au timbre* et émanant des syndicats d'agents de change, courtiers et facteurs ; s'établir intermédiaires entre l'offre et la demande, faire ainsi du courtage interlope ; insérer sous des formes diverses une foule d'annonces et d'avis payés par des tiers ; tout cela, évidemment, est très-avantageux pour les entrepreneurs de journaux, mais aussi rentre dans un ordre d'idées qui n'a rien de commun avec la défense des *grands principes de* 1789, non plus qu'avec l'art, la science ou la littérature. C'est tout simplement exercer un commerce, très-licite sans aucun doute, mais en définitive un commerce comme un autre, et qui ne doit pas être plus privilégié qu'un autre.

Il n'y a donc point inconséquence, mais stricte application des grands principes de *liberté* et d'*égalité* qui, depuis 1789, forment la base de nos institutions, à vouloir que les journaux *purement* POLITIQUES — qu'il faut dispenser de l'autorisation préalable, tout comme les journaux *purement* LITTÉRAIRES, — soient aussi bien que ceux-ci affranchis du timbre ; et à dire d'un autre côté, que les entrepreneurs de ces mêmes journaux perdent tout droit à pareille immunité, toutes les fois qu'il leur convient de déserter les hauteurs de la politique ou de l'esthétique générale, pour faire métier et marchandise de la publicité acquise à leurs feuilles respectives en raison même de la nature attrayante des matières qu'ils promettent à leurs lecteurs d'y traiter. Oui, quand ils espèrent gagner plus d'argent en cumulant la mission sociale du publiciste et du littérateur avec l'industrie du courtier et du marchand de publicité ; quand ils transforment leur journal en *affiche* ɪʟʟᴜsᴛʀÉᴇ de politique ou de littérature, ils doivent être astreints à l'impôt du timbre.

En effet, il ne faut pas que le courtier de la haute banque et de la grande industrie, le marchand de prix-courants, le vendeur de publicité commerciale, puisse se cacher derrière l'avocat des libertés nationales, le représentant des droits de l'intelligence, afin de se soustraire à l'acquit de l'impôt spécial établi sur la très-productive industrie qu'il veut cumuler avec le mandat politique et social qu'il s'est donné lui-même en vertu des *grands principes de* 1789 ; mandat non gratuit d'ailleurs, mais déjà parfaitement salarié, au contraire, par les citoyens auxquels cet entrepreneur de journal politique ou littéraire parvient à inspirer de la confiance et de la sympathie.

En d'autres termes, ce n'est point ᴘᴀʀᴄᴇ ǫᴜᴇ, mais ǫᴜᴏɪǫᴜᴇ politique ou littéraire que le journal, instrument d'agiotage, intermédiaire entre producteurs et consommateurs, trafiquant de publicité, doit payer le timbre.

La distinction n'a rien de subtil.

Il importe même qu'elle soit faite très-explicitement à l'avenir, et en conséquence que l'empreinte du timbre impérial rappelle constamment à tous qu'elle n'est là que parce qu'à côté de la politique, de la science ou de la littérature, il y a en même temps trafic de publicité commerciale, vente d'annonces payées par des tiers et profitant à des intérêts exclusivement mercantiles et privés.

De la sorte, il ne sera plus possible de s'y tromper.

Chacun comprendra parfaitement que si tel journal paraît un jour *sans timbre* et le lendemain *avec timbre*, c'est parce que, dans le premier cas, il était *purement* ᴘᴏʟɪᴛɪǫᴜᴇ ᴏᴜ ʟɪᴛᴛÉʀᴀɪʀᴇ; tandis que dans le second cas, l'entrepreneur ayant réussi à trouver le placement d'un nombre de lignes sans lequel il n'y aurait pas eu pour lui d'avantage à faire la part du fisc dans le produit de la vente de sa publicité, le journal contient ce jour-là des articles dont l'insertion a été payée par des tiers.

Personne ne s'étonnera non plus de voir un journal, s'occupant tous les jours de matières financières et commerciales, être constamment soumis au droit de timbre en raison de la spécialité qu'il exploite, et lors même qu'il ne contiendrait aucune annonce, puisque les moindres effets de commerce, les lettres de voiture, les récépissés de chemins de fer, les bordereaux de ventes ou d'achats d'effets publics ou de valeurs industrielles en bourse, etc., sont tous astreints à cet impôt indirect.

Tout le monde y trouvera son compte.

D'abord, les entrepreneurs de journaux eux-mêmes, qui ne paieront de droits de timbre que lorsqu'ils y auront intérêt, et qui seront ainsi plus en état de lutter contre la concurrence à laquelle donne lieu l'exploitation de la publicité.

Ensuite, le Trésor public, à cause de l'immense consommation d'*annonces*, et par suite de timbre, qui, la concurrence aidant, sera la conséquence d'une réduction d'au moins 50 0[0 sur les prix actuels de leur publicité que les journaux seront forcément amenés à consentir aux consommateurs.

Enfin, les divers genres de commerce et d'industrie qui ont besoin de publicité pour l'écoulement rapide de leurs produits, et qu'à l'avenir des coalitions annoncières ne pourront plus rançonner.

L'intérêt général exige que la publicité à donner, non pas seulement à certaines décisions de l'autorité administrative qui doivent, autant que possible, être portées à la connaissance de tous, mais encore à certains actes de la vie civile, de même qu'à certains jugements ou arrêts rendus soit en réparation de dommages causés, soit pour répression de délits commis, se fasse dans des journaux spécialement désignés à cet effet ; et la loi a confié aux autorités administratives le soin de faire chaque année cette désignation.

Cette attribution, toute d'ordre public, ne devrait pas être forcément une aggravation de charges pour les journaux dont il s'agit, du moment où, simples auxiliaires de la loi, ils se borneraient à l'insertion des annonces administratives et judiciaires.

Sauf cette exception unique, qui se justifie surabondamment, tous journaux, recueils ou publications faisant ouvertement ou subrepticement commerce d'annonces et de publicité, doivent être astreints, comme les journaux s'occupant de matières commerciales ou financières, à l'impôt du timbre ; et cela, à la différence des journaux *purement* POLITIQUES OU LITTÉRAIRES (1).

Il ne faut même pas que, sous prétexte de venir en aide aux sciences,

(1) On objectera peut-être que ceux-ci éluderont bien souvent la loi en faisant de l'annonce indirecte et de la réclame déguisée.

Il faut s'y attendre ; mais parce qu'il y a des fraudeurs, nos villes doivent-elles donc renoncer à leurs droits d'octroi? Le monopole des tabacs n'est-il pas pour l'Etat une ressource des plus précieuses, bien qu'à Paris même, et au nez de la Régie, pour peu que la fantaisie vous en prenne, vous puissiez ne fumer que des cigares introduits par la contrebande à travers deux ou trois lignes de douaniers?

On réalise de beaux bénéfices dans ce genre de commerce, mais il offre beaucoup de risques. Il en sera de même pour la fraude en matières d'annonces. Quand elle sera découverte, on ne pourra pas sans doute toujours confisquer la marchandise introduite en contrebande, mais le cautionnement du journal sera toujours là pour répondre des amendes encourues.

aux lettres et aux arts, les annonces du commerce de la librairie puissent être insérées dans un journal ou recueil quelconque sans impliquer, comme toutes autres annonces, l'obligation du timbre. Ces annonces, dites de *librairie*, sont payées le même prix que celles du pédicure ou du dentiste, et ne profitent pas moins à l'entrepreneur du journal. Qui ne sait, d'ailleurs, que des annonces tout à fait étrangères aux lettres, aux sciences et aux arts se pavanent aujourd'hui dans les colonnes de journaux exempts de timbre, parce qu'ils ne sont pas politiques ou financiers, sous la forme de *brochures* et même de TRAITÉS COMPLETS *qui viennent de paraître* sur les incomparables vertus de certaines drogues? Il y a là un abus de plus à réprimer par la simple application du grand principe de l'égalité de tous devant l'impôt.

** **

Le journal D'annonces, le journal A annonces et l'affiche étant composés en tout ou en très-grande partie d'éléments complètement identiques, il est évident qu'ils auraient pu et même qu'ils auraient dû être assimilés de tous points. Cependant le journal D'annonces et le journal A annonces ont toujours été, sans motifs plausibles, l'objet de faveurs particulières de la part du fisc, au très-grand détriment de l'affiche, taxée à 10 centimes de timbre, tandis que ses rivaux n'en paient que 6 et n'en ont longtemps payé que 4 ou même 3.

Ce n'est pas ici le lieu d'examiner jusqu'à quel point est ou n'est pas conforme aux *grands principes de* 1789 cette distinction établie entre des publications qui tendent au même but. A nos yeux, elles ne diffèrent qu'en ce que l'humble affiche murale, condamnée à ne s'imprimer que sur papier de couleur, afin de ne pas être confondue avec les *lois et actes de l'autorité publique*, n'acquiert de publicité que du consentement de M. le Préfet de police, alors que le superbe journal-affiche, imprimé sur papier blanc, se distribue et circule sans permission préalable. Ainsi, d'une circonstance essentiellement atténuante, on a cru devoir faire une circonstance aggravante.... (1).

(1) Citons-en un exemple bizarre, mais frappant.

Les *Affiches parisiennes*, — journal d'annonces qui depuis une quarantaine d'années font concurrence aux séculaires *Petites-Affiches* — ne sont astreintes qu'à un droit de timbre de 6 centimes, quand, imprimées grand in-8° jésus, avec recto et verso, elles sont ainsi distribuées dans tous les lieux publics. On les soumet au timbre de 10 centimes, alors que, remaniées in-folio et diminuées de près de deux tiers de texte, elles sont ainsi apposées sur les murs de la capitale, en 2 à 300 exemplaires tirés sur papier de couleur. Les deux publications étant identiques, pourquoi cette différence de timbre ?

— Parce que, répond-on, dans le premier cas, vos *Affiches parisiennes* constituent un JOURNAL *d'annonces*, tandis que dans le second cas, elles ne sont plus qu'un vil PLACARD qui n'a pas le droit d'invoquer le bénéfice de la législation spéciale qui régit la *presse périodique!...*

Une loi votée dans le cours de la session dernière augmente singulièrement, à partir du 1er janvier 1867, les charges imposées à l'affiche.

Au moment où nous écrivons, l'affiche, jouissant de son reste, peut encore se prélasser sur nos murailles et y occuper une superficie variant de 25 à 100 décimètres carrés et même plus, sans qu'il en coûte davantage pour frais de timbre, c'est-à-dire autre chose que 10 centimes. Dans quatre mois, il n'en sera plus ainsi. Un tarif qui, en réalité, ne profitait qu'aux grands faiseurs et permettait au fort d'écraser impunément le faible sous ses affiches gigantesques, fera place au très-équitable régime du timbre proportionnel qui a constamment été en vigueur dans tous les autres détails de cette partie des services publics.

Une affiche de 12 1/2 décimètres carrés et au dessous paiera 5 centimes de timbre ; au dessus de 12 et 1/2 décimètres jusqu'à 25, elle sera passible de 10 centimes ; au dessus de 25 jusqu'à 50, le droit sera de 15 centimes ; au dessus de 50 décimètres carrés, il sera porté à 20 centimes. — Si une affiche contient *plusieurs* annonces distinctes, le maximum ci-dessus fixé (c'est-à-dire 20 centimes) sera toujours exigible ; et ce maximum sera *doublé* si l'affiche contient plus de cinq annonces (1).

Ne vous étonnez pas que l'accroissement de charges imposé à l'affiche par la loi nouvelle n'ait paru aux journaux qu'un détail sans importance.

Si, contrairement à leurs habitudes et en oubli de toutes les traditions, les journaux se sont abstenus d'en rien dire, c'est qu'ils avaient parfaitement compris qu'en rendant plus onéreuse la publicité particulière et non moins productive qu'on peut obtenir sans leur concours, *cette loi est éminemment favorable à leurs intérêts commerciaux.*

La stricte logique, d'accord avec les *grands principes de* 1789, exigerait que devant cet impôt il y eût complète assimilation du journal D'annonces, du journal A annonces et de l'affiche ; et certes, si l'affiche pouvait parler et se défendre, si elle avait bec et ongles comme les journaux, il en serait ainsi. Ce n'est donc pas six centimes, comme aujourd'hui, mais QUARANTE centimes de timbre qu'à l'avenir il en devrait coûter à tout journal faisant trafic de sa publicité *et contenant plus de cinq annonces*, n'eût-il que 12 décimètres 1|2 carrés, c'est-à-dire son format fût-il de moitié moins grand que celui du *Petit Journal*, de M. Millaud.

Mais à cette prétention de la logique, les avocats du privilége dont les journaux jouissent en matière de timbre depuis plus de 70 ans opposeraient l'axiome de droit : *summum jus, summa injuria....* Nous voulons

___

(1) Par conséquent, les *Affiches parisiennes* continueront de ne payer que 6 centimes de timbre comme JOURNAL *d'annonces*, et devront en acquitter, comme PLACARD, non plus DIX, mais QUARANTE.

3

bien le leur concéder ; seulement nous tenons à constater d'une manière irréfragable, qu'il y a ici *privilége* et violation manifeste des *grands principes de* 1789 au profit de leurs clients.

Est-ce donc à dire que les termes et conditions de ce *privilége* soient à tout jamais incommutables ? Nul n'oserait sans doute le soutenir en présence des faits. De 1800 à 1816, le timbre des journaux a été de 3 centimes ; en 1816, il a été élevé à 4 centimes (1) ; plus tard encore il a été porté à 5, puis à 6 centimes.... Est-ce montrer trop d'exigence que de demander, après un intervalle de près de quarante ans, une révision nouvelle du tarif et une augmentation qui porterait le prix du timbre — pour les seuls *journaux* A *annonces* — à 10 centimes pour la feuille mesurant 40 décimètres carrés et au dessous, à Paris, et à 5 centimes dans les départements autres que ceux de la Seine, de Seine-et-Marne et de Seine-et-Oise ? Au dessus de 40 décimètres carrés, le prix serait de 15 centimes à Paris, et de 7 centimes 1[2 en province.

Le format actuel des plus *grands journaux* de Paris est de 32 décimères carrés ; il leur sera donc loisible de l'accroître de moitié sans payer davantage pour frais de timbre. Ils y gagneront 6,000 lignes de plus pour leur commerce d'annonces et de réclames. Donc ils seraient mal fondés à se plaindre.

D'ailleurs, est-il besoin de faire observer une fois de plus que, par suite de la réforme radicale de la législation relative à la presse périodique dont nous voudrions voir le gouvernement impérial prendre résolûment l'initiative, les feuilles *purement* POLITIQUES, SCIENTIFIQUES OU LITTÉRAIRES, les unes et les autres publiées en vertu d'un droit inscrit parmi les *grands principes de* 1789, ne seront astreintes à aucune redevance envers le fisc ; que le

(1) Il était en réalité de 5 centimes 9/10ᵉˢ, parce que le fisc prélevait en outre : 1° un droit spécial d'un centime et demi établi, à l'origine, sous prétexte de servir à payer le traitement des censeurs ; 2° le dixième en sus, soit quatre millimes.

C'était une misérable ressource d'environ 400,000 francs que le Trésor aux abois se faisait-là.

Le format des journaux de Paris, coûtant 72 francs par an, était alors de 17 décimètres et demi.

Seul le *Moniteur* timbrait à 6 centimes, parce que son format, qualifié de *gigantesque*, atteignait 24 décimètres.

Le droit de transport par la poste n'était que de 2 centimes.

Dans la discussion de la loi qui, en 1827, organisa le service *quotidien* de la poste pour toutes les communes de France — jusqu'alors plus d'un tiers du pays n'avait eu de service postal que de deux jours l'un, et même seulement deux fois la semaine — et qui éleva le port des journaux à 5 centimes, il fut établi par les orateurs du gouvernement que la détermination faite par la loi du nombre de décimètres carrés avait été faussement interprétée par l'administration, et que les journaux auraient dû, dès 1816, payer 4 et non pas 2 centimes seulement pour port.

Pure question d'arithmétique transcendante, à laquelle Casimir Périer lui-même avouait franchement ne pas comprendre grand'chose.

timbre les frappera seulement quand leurs entrepreneurs trouveront du profit à les transformer en affiches ; et que même alors, vis à vis de celles-ci, elles jouiront encore d'un *privilége* autrement exorbitant que leur *privilége actuel,* qui consiste dans une simple différence de deux cinquièmes en moins sur le coût du timbre, tandis qu'à partir du 1ᵉʳ janvier 1867 l'affiche paiera QUATRE FOIS plus qu'elles ?

Il ne nous serait pas difficile de prouver que la suppression absolue de tout privilége en cette matière, que l'assimilation complète du journal D'annonces et du journal A annonces à l'affiche, sont des questions dans lesquelles la liberté de la presse est tout à fait désintéressée ; que d'ailleurs frappés même désormais du droit *maximum* de 40 centimes, comme l'affiche *contenant plus de 5 annonces,* mais libres de doubler leur format actuel, dès lors pouvant répartir ce surcroît de charges sur un nombre double ou triple d'annonces — qui ne leur manqueraient pas, parce qu'ils seraient ainsi en mesure d'en réduire le prix de 75 0[0—, les *journaux* A *annonces,* vendus à raison de 10 centimes le numéro, resteraient encore de grandes et fructueuses affaires commerciales....

Mais nous devons faire la part des nécessités inéluctables de la politique, et comprendre que par la force même des choses, en oubli des *grands principes de* 1789, le gouvernement se trouve obligé d'avoir certains *égards* pour ce quatrième pouvoir, qui le tient constamment en échec et épie ses moindres actes dans l'espoir de surprendre une occasion favorable de l'attaquer enfin la visière découverte....

N'insistons donc pas autrement sur la *suppression,* et contentons-nous d'une bien minime *atténuation* du privilége, car c'est peut-être ce qu'il nous faudra encore faire, malgré que nous puissions en avoir, quand nous traiterons plus loin la question des exorbitantes immunités dont la presse parisienne se trouve en outre dotée en matières de poste et de transport.

Aussi bien, et en attendant mieux, nous estimons que c'est toujours un grand point de gagné que d'avoir pu entièrement dégager, comme nous l'avons fait, les intérêts de la liberté de la presse de la question de savoir jusqu'à quel point les marchands d'annonces doivent et peuvent être exempts de l'impôt du timbre.

Désormais, grâce à la très-juste distinction que nous avons établie, cet impôt, mieux assis maintenant, frappera en réalité l'industriel qui moyennant finances, se charge de mettre l'annonce sous les yeux de son public, et le spéculateur à qui cette annonce doit profiter, au lieu de peser uniquement — comme c'est le cas aujourd'hui, — sur le désœuvré qui la lit et que trop souvent elle dupe audacieusement.

Et puis, en retour de nos concessions, n'est-ce point déjà une compensation, à la rigueur suffisante, que d'avoir pu du moins enlever à l'Infâme l'usage de cette *rengaîne* fastidieuse, mais toujours d'un si puissant effet, qui consiste à faire de temps à autre miroiter aux yeux des niais les 21 fr. 60 c. qu'un gouvernement hostile au progrès et à la liberté le force à verser pour chacun de ses abonnés dans les caisses d'un fisc insatiable comme tous les dissipateurs?

A l'avenir, pour continuer son fructueux commerce, ce vieux sycophante paiera 36 francs et ne s'en vantera pas, de peur qu'on ne s'avise quelque jour de lui en demander 144, comme le voudraient les *grands principes de* 1789.

*
* *

Voilà plus de la moitié du terrain de la réforme du journalisme qui se trouve aplanie et déblayée.

Avant d'aller plus loin dans ce travail, une halte d'un moment ne sera pas inutile, afin de bien apprécier la situation nouvelle que fera aux journaux l'adoption par le pouvoir des *grands principes de* 1789 comme base de sa politique en matières de presse.

Constatons cependant avant tout un fait dont l'importance domine la situation, et dont il appartient à la politique de savoir tirer parti : c'est la transformation radicale qui depuis quelques années s'accomplit dans les conditions d'existence et d'exploitation des journaux.

La *vente au numéro* tend à devenir de plus en plus générale ; elle doit finir par remplacer complètement l'ancien mode des abonnements *toujours payés d'avance.*

Elle constituerait un danger de plus pour le pouvoir, si la législation actuelle ne devait pas être modifiée.

Au contraire, elle favorisera singulièrement la réforme qu'il est si urgent d'opérer dans le journalisme pour le réduire enfin à ne plus être que ce qu'il doit être : *une industrie comme une autre.*

Aujourd'hui, sous le régime de l'autorisation préalable et du droit unique de 6 centimes de timbre par numéro, il paraît à Paris — sans parler de quatre ou cinq programmes de spectacles, non plus que de trois ou quatre journaux imprimés à l'étranger en langue française, autorisés à circuler en France, et qui comptent à Paris le plus grand nombre de leurs abonnés, — il paraît, disons-nous, *vingt-trois* journaux quotidiens (1), tous A *annonces*, et dont le prix de vente est encore généralement de *quinze centimes.*

Mais, les choses restant même en l'état, ce prix devra être avant peu uniformément réduit à *dix centimes*, par suite de la concurrence de plus en plus acharnée que se font toutes ces feuilles rivales, afin de s'assurer chacune la plus grosse part possible dans la très-inégale répartition des QUATORZE à QUINZE MILLIONS de subvention que le commerce *annonceur* paie bon an mal an à une presse monopolisée et privilégiée, tant pour services patents que pour complaisances occultes.

L'adoption forcée de ce chiffre de *dix centimes*, comme prix de vente normal et régulier des journaux est une autre circonstance dont la politique doit savoir apprécier la portée.

L'application du grand et fécond principe de la liberté commerciale à l'industrie du journalisme aura infailliblement les résultats suivants :

1° Il se publiera à Paris moitié, et en province dix fois plus de journaux quotidiens qu'à présent, et le nombre des acheteurs sera au moins décuplé.

Mais, comme la réforme du journalisme par la liberté et l'égalité en amènera la *décentralisation*, le *parcellement* et la *localisation*, cet accroissement du nombre des acheteurs ne profitera en définitive qu'aux journaux de départements appelés à vivre de leur vie propre, et désormais mieux en mesure de soutenir la concurrence des feuilles parisiennes.

Le chiffre total du tirage des journaux de Paris, au lieu d'augmenter restera stationnaire, si même il ne diminue pas, et se trouvera réparti entre un bien plus grand nombre de participants.

2° Il n'y aura plus pour les journaux d'autre mode d'exploitation praticable dans des conditions rémunératrices que la vente au numéro, et les abonnements *à servir par la poste* ne constitueront dans le mécanisme de leur organisation commerciale qu'une insignifiante exception.

Nous en arriverons même, avant qu'il soit peu, à avoir nos *newsmen*, s'en allant de porte en porte vendre aux maîtres de cafés, de brasseries et de caboulots, et aussi aux bourgeois, les différentes feuilles du matin et du soir dont ils peuvent avoir besoin pour leur consommation ; et alors on ne comprendra pas que pendant si longtemps il ait fallu toujours payer *trois mois d'avance* pour recevoir un journal à domicile. Cette plus grande facilité donnée à l'acquisition accroîtra le chiffre de tirage de chaque journal et

---

(1) C'est près de moitié plus qu'à Londres, dont pourtant la population est double ou guère s'en faut, et où il n'y a jamais eu *d'autorisation préalable.*

Le nombre des journaux semi-quotidiens, bis-hebdomadaires ou hebdomadaires, des recueils politiques, littéraires, scientifiques, financiers, judiciaires ou religieux, TOUS aussi faisant de l'annonce, et tirant un assez notable produit de l'exploitation commerciale de leur publicité, dépasse plusieurs centaines.

non les bénéfices de l'entrepreneur ; car il devra faire leur part aux *newsmen* sans le concours desquels, réduit à la vente au détail dans sa boutique, il n'arriverait jamais qu'à un placement minime Mais ce *neswman* fera là du colportage : par conséquent, il ne vendra que les journaux dont l'autorité jugera la circulation sans inconvénients.

3° Les journaux *aujourd'hui existants*, dispensés désormais du timbre s'ils entendent se borner à ne traiter que la politique ou la littérature, se féliciteront de n'être considérés comme des affiches *privilégiées* que les jours où il leur conviendra de faire trafic de leur publicité.

En effet, par suite de l'organisation essentiellement vicieuse du commerce des annonces, il s'en faut que tous, même parmi ceux qui font partie de la coalition annoncière, trouvent le placement régulier du *tiers* seulement des 2,700 à 3,000 lignes d'annonces dont ils peuvent disposer chaque jour (1).

Tous ceux qui ont une clientèle moindre détermineront les jours où ils publieront des annonces, en se soumettant pour cela au timbre. Adoptant au besoin une format moindre, afin de réaliser de la sorte une notable économie de papier et de composition, les 1,200 à 1,500 lignes dont ils disposeront encore de la sorte, auront en fait beaucoup plus de valeur que leurs 2,700 lignes d'à présent, si difficilement et si rarement placées. Que si leur dignité de journal tirant à cinq ou six mille exemplaires croyait déchoir en ne persistant point à s'enfler outre mesure pour mieux ressembler au bœuf leur voisin, eh! bien, qu'ils consacrent à l'amélioration de leur rédaction souffreteuse les 30 ou 40,000 fr. par an qu'ils gagneront à s'abstenir, de deux jours l'un, de timbre et par suite d'annonces, et le public, finira bien quelque jour par leur en savoir gré.

(1) Aujourd'hui même, les DIX journaux coalisés n'arrivent guère, et non sans peine, qu'au placement de la *moitié* de leurs lignes disponibles. Déduction faite de tous les *rabais* consentis sous certaines conditions au commerce par le tarif qui sert de base à la combinaison, on peut, sans crainte de trop s'éloigner de la vérité, évaluer le produit *net* de la vente de 13,500 lignes par jour, à bien près de HUIT MILLIONS par an. Le partage de ce *produit net* entre courtiers et entrepreneurs de journaux se fait d'après un tarif calculé de manière à encourager les premiers à pousser au placement de l'annonce ; aussi leur part, en moyenne, dépasse-t-elle quarante pour cent (*).

Pendant longtemps, les grands journaux furent, de compte à demi avec leurs courtiers, intéressés dans diverses opérations montées *en grand* pour la vente de remèdes secrets de toute nature, de savons et parfums de toilette, de chocolats, de gravures, de livres, etc., etc. Ils y figuraient non pas précisément comme *bailleurs de fonds*, mais comme *bailleurs d'annonces*, ce qui revenait à peu près au même. Le *truc* était ingénieux.

(*) Pour être admis à recueillir les miettes du grand banquet de la publicité parisienne, les malheureux journaux de départements doivent consentir aux courtiers — absolument comme dans l'industrie des tulles — un rabais de 90 pour cent sur leurs *prix forts*, déjà de 75 pour cent plus doux que ceux des journaux de Paris, et le plus souvent accepter, pour tout paiement, de la politique de pacotille et de la littérature de rebut, cotées à 95 pour cent au-dessus de leur valeur réelle.

Quant aux journaux plus heureux chez qui affluent constamment l'*annonce*, la *réclame* et le *fait-divers*, ils se sentent à l'étroit dans leur format actuel. Les nécessités de la concurrence les contraindront évidemment à en sortir. Alors, disposant, non pas de 3,000, mais de 9,000 lignes pour leur trafic de publicité, il en résultera pour eux un bénéfice du triple plus considérable que l'augmentation de leurs frais en timbre, papier, composition et tirage.

Le journal politique *à deux sous* d'aujourd'hui, timbré à 6 centimes et tiré à 50,000 exemplaires (dont 20,000 expédiés par la poste), gagne 500,000 fr. *nets* par an, avec ses 2,700 lignes d'annonces cotées à 1 fr. 25 c. Timbré à 10 centimes, mais disposant de 6,000 lignes de plus, il gagnera UN MILLION malgré l'accroissement de ses frais de timbre, composition, papier et tirage. — S'il osait, et c'est là le rêve qu'il caresse, mettre ses annonces au même prix que le SIÈCLE, *qui tire moins que lui*, il gagnerait TROIS MILLIONS par an.

Q'on ne vienne pas dire que jamais il ne parviendra à vendre 9,000 lignes par jour. C'est dans la capitale du monde qu'il opère.

Quand on voit chez nos bons voisins la *Kœllnische Zeitung* (Gazette de Cologne), journal publié dans une ville de province de moins de 112,000 habitants, et ne tirant qu'à 12,000 exemplaires, paraître en format double de celui du SIÈCLE (40 centimètres carrés), et contenir chaque jour TROIS FOIS plus d'annonces que ce *prince* de nos *grands* journaux parisiens, on pressent l'immense développement que le commerce de la publicité est appelé à prendre à Paris et dans tous nos grands centres de population. La suppression des monopoles et des priviléges amènera la complète réorganisation d'un genre d'industrie qui, au lieu de ne profiter, comme à présent, qu'à un nombre infiniment petit d'intérêts coalisés, viendra alors puissamment en aide à la production et au commerce. La réforme du journalisme aura immanquablement pour corollaires, la moralisation et la vulgarisation de l'annonce, dont la consommation deviendra de plus en plus générale (1).

4° Dans le chiffre minimum de *quinze millions* de francs annuellement dépensés dès à présent à Paris, en annonces et en réclames, par un

(1) On est frappé de surprise quand, en étudiant le mouvement général de la publicité faite par la spéculation pendant une période de dix années dans les différents journaux et recueils à annonces de Paris, on reconnaît que leur clientèle annonçante habituelle n'atteint pas même en moyenne le chiffre de *quatre cents* individus, non compris les notaires, avoués, huissiers, agréés et commissaires-priseurs, dont les 5/6 ne font d'ailleurs d'annonces — et cela doit être — que dans les seuls journaux judiciaires, lesquels sont toujours demeurés en dehors de toute combinaison de coalition.

certain nombre d'industriels, il y a quelque chose de vraiment fascinateur pour l'esprit de spéculation.

Très-certainement, nos vingt-trois *Journaux A annonces* aimeront bien mieux payer tous les jours, ou de temps à autre, dix centimes de timbre, à l'instar des affiches, taxées beaucoup plus durement, que de renoncer à la chance d'attraper une belle part dans un si riche butin, en se bornant désormais à faire platoniquement de la politique, de la science et de la littérature.

Ce puissant appât alléchera en outre bon nombre de spéculateurs nouveaux qui, eux aussi, voudront exploiter un genre de commerce auquel la réforme du journalisme par la liberté commerciale ouvrira des horizons bien plus vastes encore.

5° Les intérêts du Trésor ne seront donc compromis en rien par la transformation de la presse. — Et c'est là, certes, une considération qui a bien aussi son importance. — Tout au contraire, on peut hardiment prédire qu'à l'avenir le produit de l'impôt du timbre sur les affiches et sur les journaux-affiches figurera au budget des recettes pour un chiffre au moins quadruple de la somme que produisent aujourd'hui les six centimes pour timbre prélevés sur les journaux politiques, les journaux s'occupant d'économie sociale et les journaux D'annonces.

6° Il ne faut pas s'y tromper; la libre concurrence renversera bien des positions jugées maintenant inexpugnables. En dépit de la consommation toujours croissante qui en sera faite, l'annonce, au lieu d'être comme aujourd'hui, une mine d'or, ne sera plus qu'une mine de fer, dont l'exploitation continuera sans doute d'être relativement très-productive, mais sans pouvoir être comparée, même de loin, pour ce qui est des bénéfices, à ce que rapporte à l'heure qu'il est cette industrie monopolisée et privilégiée.

A cela il n'y aura que demi-mal. Le culte des *grands principes de* 1789 ne doit pas servir de masque à l'adoration du *Veau d'or*. Le progrès et la liberté n'ont aucun intérêt à ce qu'un journal rapporte nécessairement de cinq à six cent mille francs de rente à son entrepreneur; on peut certes les défendre l'un et l'autre à beaucoup meilleur marché.

D'ailleurs, que le pouvoir ne l'oublie pas, l'argent a toujours été le nerf de la guerre. Maintenir un état de choses qui, sous ce rapport, fait la part si belle à des ennemis *qu'il ne désarmera jamais*, serait une bien grande imprudence.

7° Exempts de timbre et n'ayant pas besoin d'espace à réserver aux matières financières et au trafic de la publicité sous ses multiples formes actuelles, les journaux *purement* POLITIQUES OU LITTÉRAIRES ne se vendront plus que *cinq centimes*, et adopteront le format de 16 décimètres carrés (celui du *Petit Journal* de M. Millaud), qui présente exactement la même étendue superficielle que l'espace aujourd'hui consacré par nos *grands journaux* à la politique et à la littérature. Pour couvrir leurs frais au prix de *cinq centimes*, il leur faudra atteindre une vente régulière de 45 à 50,000.

Après le premier moment d'infaillible engouement de la part du public, qui facilitera l'écoulement et la circulation du journal POLITIQUE *à un sou*, le plus grand nombre des feuilles de ce genre qu'on verra tout aussitôt surgir auront bien de la peine à se maintenir à un tel chiffre de tirage.

Qu'il y ait là peut-être, et même très-certainement, la source de bien des mécomptes et la cause de bien des ruines; c'est ce dont nous n'avons pas à nous préoccuper autrement. Aux spéculateurs à apprécier les chances de gain et les chances de perte. N'est pas marchand qui toujours gagne.

D'ailleurs, le *petit* journal politique *à un sou* aura toujours un redoutable concurrent dans le *grand* journal *à deux sous* déjà existant. Il ne pourra pas, comme son rival, traiter les matières financières, publier les prix-courants de marchandises, le bulletin des halles et marchés, la cote des valeurs industrielles arrêtée par le syndicat des agents de change; tous documents qu'il aurait dû être interdit à M. Millaud de publier dans son journal, à moins de le timbrer à 6 centimes comme la loi l'exigeait, et qui ont fait les cinq sixièmes de son succès. Il ne pourra même pas reproduire les *affiches* des spectacles du jour, *car elles sont timbrées.* De là pour lui une cause évidente d'infériorité, qui le condame à végéter misérablement, sans pouvoir se plaindre. Il n'aura d'autre fiche de consolation que le droit de se draper orgueilleusement dans sa vertu, et il ne se fera certes pas faute d'en user. Grand bien lui fasse !

8° Le journal *à un sou* et le journal *à deux sous* essaieront d'abord de vivre fraternellement côte à côte. Mais le nombre toujours croissant des journaux provoquera bientôt entre leurs entrepreneurs respectifs des collisions d'intérêts, des rivalités de boutique dont l'état actuel des choses peut déjà donner une idée, et par suite desquelles une industrie qui tient maintenant le haut du pavé, finira par perdre tout prestige en même temps que la plus grande partie de son crédit.

Subsidiairement, la libre concurrence aura bientôt forcé la puissante société d'assurances mutuelles sur la renommée et la gloire, aujourd'hui constituée entre journalistes et personnages politiques opposants, à se mettre en liquidation; et cette liquidation ne peut être que désastreuse pour la plupart des célébrités conventionnelles qui, grâce au monopole de la presse parisienne, ont jusqu'à présent réussi à s'imposer aux admirations de la foule.

La politique conseille de faciliter la substitution d'un large système d'*éreintements* mutuels à un système de glorification réciproque qui fait si bien les affaires des meneurs et des dévots de trois ou quatre petites églises dissidentes.

Nous avons tout à gagner à perdre au moins les trois quarts de ce qu'à coups de grosse caisse et à grand renfort de réclames, on nous a fabriqué de nobles caractères, d'esprits supérieurs et grands citoyens... en disponibilité.

On l'a dit il y a longtemps : Peut-être la France ne se prête-t-elle si volontiers aux révolutions que parce qu'on lui fait accroire qu'elle possède trois ou quatre gouvernements de rechange, tous préférables de beaucoup, pour ce qui est des lumières, de l'intégrité et du patriotisme, au gouvernement qu'on cherche à renverser.

*
* *

Le génie de la Routine, venant en aide aux quelques intérêts plus ou moins avouables que lèsera la transformation de la presse politique, entraînant une réforme radicale de l'industrie annoncière — il en est ainsi de toutes les améliorations sociales, — ne croira pas pouvoir mieux combattre nos idées qu'en montrant l'abolition de l'autorisation préalable et la suppression du timbre sur les journaux purement politiques, mises tout aussitôt à profit par les partis hostiles au gouvernement impérial, pour créer une foule de feuilles anti-dynastiques *à un sou*.

« Ce seront-là, dira-t-on, autant d'engins de démolition autrement puissants que les journaux *autorisés* actuels *à deux sous* et *à trois sous*, contre les incessantes attaques desquels le pouvoir a déjà tant de peine à se défendre! Et puis, comme vous venez de le dire, l'argent n'a-t-il pas toujours été le nerf de la guerre? Or, chacune de ces feuilles incendiaires gagnera en outre *cent mille francs* par an, rien qu'à un tirage de 100,000 exemplaires. Combien pareil résultat ne leur sera-t-il pas plus facile à obtenir avec de la politique fortement épicée, qu'à cet excellent M. Millaud, avec la littérature écœurante de ses fournisseurs et avec ses éternelles *banques* d'agiotage ou de montage d'actions? »

Oui, des tentatives seront certainement faites pour réaliser une hypothèse qui semble tant effrayer nos contradicteurs....

Ce qui nous rassure, c'est de penser :

Que si, effectivement, le journal hostile ne rencontre plus, comme le veulent les *grands principes de* 1789, d'obstacle légal à sa création, — facilitée, au contraire, par l'absence de timbre et par le mode de vente au numéro, — en revanche ce journal hostile se heurtera tout aussitôt contre les impérieuses nécessités de son existence *commerciale;*

Que l'administration, investie en fait du droit de *vie* ou de *mort commerciale* sur les journaux, POLITIQUEMENT *libres*, mais réduits désormais à la *vente au numéro* pour tout mode d'exploitation et de propagation, refusera ou retirera au journal notoirement hostile l'autorisation de *vendre sur la voie publique*, sans laquelle il lui est impossible d'atteindre jamais un chiffre de tirage supérieur à quelques centaines d'exemplaires.

Que, par conséquent, dès qu'on le voudra, ce terrible *fusil à aiguille*, qui devait faire merveille, ratera piteusement entre les mains du spéculateur.

S'il ose s'attaquer directement à la constitution, les tribunaux ne seront-ils pas toujours là, comme aujourd'hui, pour lui appliquer les peines édictées par la loi? Son cautionnement et, en cas d'insuffisance de ce cautionnement, l'imprimeur privilégié, complice du délit, ne seront-ils pas là pour répondre du paiement des amendes qu'il encourra?

Donc, sachez, dès à présent, regarder en face ce tant redouté journal politique *à un sou*, qui, par la confusion et la mêlée qu'il introduira dans les rangs du journalisme, ne sera, en réalité, que la fin du règne de cette grande et illégitime puissance.

D'ailleurs, qui nous garantit que, même sous l'empire de la législation actuelle, vous n'aurez pas demain sur les bras le *grand journal politique* A UN SOU?

Ce sera là une bien autre affaire, ma foi!

Initiés à tous les arcanes du métier, vous savez bien qu'une feuille placée exactement dans les mêmes conditions que le journal de M. Havin, — 45,000 exemplaires de tirage, dont 15,000 vendus à Paris et 30,000 envoyés par la poste ; 2 fr. la ligne d'*annonces anglaises*, 6 fr. la ligne de *réclames*, et 9 fr. la ligne de *faits divers*, — pourrait aujourd'hui même se vendre *cinq centimes* (18 fr. par an) à Paris, et *sept centimes* (25 fr. par an) dans les départements et *servie par la poste* (juste les prix du journal de M. Millaud), et à ce compte réaliserait encore un bénéfice net de plus de 300,000 fr. par an; ce qui assure un revenu de *dix pour cent* à un capital de trois millions.

Le calcul est si facile à faire, il est d'une telle évidence, qu'il faut vous attendre à le voir au premier jour servir de base à quelque *grande affaire.*

Les *parias* actuels de la presse, les journaux exclus de la coalition nanoncière, déjà à bout de *primes extraordinaires*, comprendront peut-être que l'adoption du taux de vente de 10 *centimes* le numéro n'est encore qu'un vain palliatif, plus dispendieux pour eux en définitive que le recours immédiat à ce moyen héroïque qui peut leur donner à chacun 40 à 50,000 abonnés.

Autorisés à se vendre sur la voie publique, ne se trouvent-ils pas ainsi dispensés de tous ces ruineux *essais* qu'autrefois il leur eût fallu servir au hasard et *gratis* pendant un temps indéterminé pour triompher à la longue de la traditionnelle *conspiration du silence?*

La vente au numéro leur aura bientôt acquis dans les départements une nombreuse clientèle *servie par la poste*, c'est-à-dire la seule base solide à donner en ce moment au trafic de la publicité.

En province, on commence à trouver qu'un journal de Paris à 64 francs est un peu cher ; mais un long avenir de prospérité et un champ presque illimité d'action y sont, dès à présent, assurés aux grands journaux *politiques* et *littéraires*, qui arriveront, eux aussi, chaque matin par la poste, et qui, pourtant, ne coûteront que *la bagatelle de* VINGT-CINQ FRANCS PAR AN (1).

Il n'y aura pas seulement alors désabonnement général sur toute la ligne de la *coalition*, — à moins que, pour sauver la caisse, Bilboquet ne se hâte de consentir un rabais de 39 francs à ses vieux et fidèles clients, — mais, en outre, immense recrutement d'abonnés nouveaux dans une couche autrement profonde et étendue des populations de nos provinces où, jusqu'ici, on avait su résister à toutes les amorces de la *prime extraordinaire.*

De là un déplacement complet de l'axe actuel des influences, en même temps qu'une centralisation plus puissante encore et partant, plus dangereuse

---

(1) Quels admirables effets de grosse caisse Robert-Macaire et son digne compère Bertrand, qui ont déjà fondé tant d'autres journaux, ne sauront-ils pas tirer de ce chiffre *incroyable, fabuleux!* Et qu'ils seront donc vraiment beaux à entendre, quand cette fois ils termineront la *banque* d'usage — où, comme on sait, *les grands principes de* 1789 figurent toujours avec un nouvel avantage — en faisant observer *aux amis de la liberté par le progrès et du progrès par la liberté*, qu'après tout, ce n'est même pas 25 francs, mais en réalité **20** *francs* SEULEMENT qu'il en coûtera pour recevoir en province, *franco par la poste*, la feuille nouvelle, ce parangon de tous les journaux passés, présents et futurs, parce que l'abonné possédera, à la fin de l'année, environ 10 kilos de grand et beau papier imprimé, pouvant encore servir à toutes sortes d'usages domestiques, et, à raison de 50 centimes le kilo ou 25 centimes la livre, représentant une valeur nette et toujours facilement réalisable de CINQ FRANCS ! Je vous laisse à penser s'il sera possible de ne pas céder à l'éloquence pratique de nos deux drôles.

que jamais, de l'industrie *sui generis* qui a pour objet l'exploitation politico-commerciale de l'opinion publique, de ses préjugés et de ses passions.

Mais ce sera aussi le dernier coup porté à la presse départementale,
qu'on a toujours mise dans l'impossibilité de lutter contre la concurrence
que vient lui faire, sur son propre terrain, la presse parisienne à l'aide de
l'écrasant privilége postal dont elle jouit..... Et, avec la loi actuelle, le
pouvoir n'y peut absolument rien.

Ceci nous ramène à notre sujet.

*
* *

Pour *parceller, décentraliser* et *localiser* le journalisme, les voies sont
maintenant préparées.

Il ne suffit pas cependant de nous avoir débarrassés du monopole,
d'avoir relégué dans le musée des curiosités administratives des préroga-
tives gouvernementales dont les nombreux inconvénients sautent à tous les
yeux et dont l'utilité réelle est nulle ; d'avoir aboli le timbre *politique*, qui
a toujours été et sera toujours IMPOPULAIRE ; de l'avoir remplacé, au très-
grand profit du Trésor, par le timbre *commercial* ou, pour mieux dire, par
une véritable *taxe sur l'annonce* comme il en existe chez nos voisins, et dont
l'établissement ne soulèvera aucune objection parce qu'il sera évident pour
tous que la liberté de la presse, l'un de ces *grands principes de 1789* dont
nous avons tous la religion, y est complètement désintéressée...

Il n'y aura encore rien de fait, tant qu'on n'aura pas mis à néant les
exorbitantes immunités postales dont jouissent les journaux de Paris, au
mépris des *grands principes de* 1789 et pour la ruine des journaux de
départements.

Ici encore nous commencerons par demander à l'État un sacrifice qui
lui coûtera peu : l'abandon d'un monopole sans profit réel pour lui, et qui a
surtout le grand inconvénient de justifier et légitimer, en apparence, des
faveurs que les journaux de Paris ont toujours pris soin de nous présenter
comme inhérentes de leur nature à l'exercice même de la liberté de la
presse, dès lors comme constituant, au lieu d'un criant *privilége*, un DROIT
appartenant indistinctement à tout le monde, et au maintien duquel tous les
citoyens ont, par conséquent, un égal intérêt.

La loi ordonne que, à l'instar des lettres et correspondances, les journaux ne puissent être transportés et distribués dans toute l'étendue du
territoire que par la poste.

Les journaux, même politiques, n'étant et ne devant être qu'une marchandise *comme une autre*, on ne voit pas pourquoi l'Etat persisterait encore à vouloir en opérer seul le transport, alors que l'administration autorise aujourd'hui les entrepreneurs de journaux *littéraires* à expédier leurs produits par l'intermédiaire des chemins de fer. C'est ainsi que le *Petit-Journal* de M. Millaud, qui devrait payer à la poste quatre centimes de port, expédié en province par rames ou demi-rames, arrive partout où il y a une gare, au coût moyen d'un neuvième de centimes.

La *vente au numéro* qui, HABILEMENT DIRIGÉE, sera l'annihilation du journalisme comme quatrième pouvoir, la vente au numéro exige que l'entrepreneur de journal ait la faculté d'expédier sa marchandise par la voie qui convient le mieux à ses intérêts. La liberté des transports est le corollaire indispensable de la liberté commerciale ; l'une et l'autre découlent des *grands principes de* 1789.

Donc, que l'Etat renonce à un monopole dont l'abolition *ne compromettra en rien les intérêts du Trésor*, et que, d'ailleurs, dès l'origine, il a dû permettre de violer impunément, puisque dans les villes le service du transport et de la distribution des journaux s'est toujours fait, pour plus de célérité et pour plus grande économie, par des porteurs spéciaux dont, comme l'on sait, chaque journal salarie un certain nombre ; qu'il laisse les entrepreneurs de journaux politiques complètement libres, eux aussi, de pourvoir comme ils l'entendront et au mieux de leurs intérêts, à l'expédition et à la transmission de leurs produits ; qu'il cesse d'intervenir désormais comme intermédiaire nécessaire et forcé dans ce détail de leur industrie, car c'est par l'ingérence de l'administration dans ce qui ne doit pas la regarder, qu'il a été conduit à constituer lui-même ce *quatrième pouvoir* dont toutes les tendances actuelles inspirent de si justes inquiétudes pour un avenir qui, demain peut-être, sera le présent...

En ce qui est de la question du transport, l'Etat ne doit pas établir de différence entre les journaux, *marchandise comme une autre*, et les produits de la librairie sur lesquels l'intérêt général veut qu'il exerce aussi une surveillance toute particulière, et que les libraires ou tous autres ont bien *le droit*, mais non pas *l'obligation*, de faire transporter par l'administration des postes. Le *droit d'user* de la poste pour l'expédition des livres et autres articles de librairie est une facilité accordée aux libraires pour les opérations de leur commerce ; dans ces derniers temps, il a été étendu à tous les commerçants pour l'envoi d'*échantillons* et même d'articles de nature non encombrante. Les uns et les autres y trouvent de précieux avantages. Pour tous *l'obligation d'user* serait une cause de ruine, et jamais non plus la loi ne songea à l'imposer.

Si, à cet égard, les journaux politiques demeurent encore aujourd'hui l'objet d'une exception, qui, à première vue, semble un obstacle de plus mis à leur propagation par une pensée hostile à la liberté de la presse, il ne faut pas s'y tromper.

Cette exception, *l'obligation d'user de la poste* pour l'expédition de leurs marchandises imposée aux entrepreneurs de feuilles publiques, cette exception n'est, en réalité, que le droit de les faire transporter et distribuer par l'Etat à peu près en franchise de port sur tous les points du territoire ; qu'un *privilége* qui paraît accordé à tous les journaux de France indistinctement, mais qui en fait, par la force même des choses, ne profite et ne peut profiter qu'aux seuls journaux de Paris dont il fait tout à la fois la fortune et la puissance, tandis qu'il condamne les journaux de départements à l'indigence et à la misère ; un *privilége* qui ne peut plus se justifier à présent par aucun intérêt public, par aucune considération politique ; un *privilége*, enfin, qui ne viole pas moins les principes de liberté et d'égalité que toutes les notions d'équité, et qui, au grand péril du pouvoir, ne pourra que toujours centraliser de plus en plus dans la capitale l'exploitation politico-commerciale de l'opinion publique.

Le tarif postal aujourd'hui en vigueur a-t-il tout au moins le mérite d'assimiler complètement les produits de l'industrie journalistique à ceux de la librairie, de telle sorte que les uns ne soient pas mieux traités par le fisc que les autres ?

A première vue, il semble que le livre est traité par l'administration bien plus favorablement que le journal ; mais en réalité il n'en est pas tout à fait ainsi, comme nous allons le démontrer.

Les trente feuilles de papier que, dans l'espace d'un mois, l'entrepreneur d'un journal envoie à son abonné à raison d'une par jour, représentent en moyenne un poids total de 810 grammes, et coûtent d'affranchissement 1 fr. 20 c. Ces mêmes *trente* feuilles, si elles sont employées par un libraire à l'impression d'un volume, formeront un in-8° énorme de 480 pages, qui, — couverture, titre et faux-titre compris, — ne coûtera d'envoi par la poste que 85 cent.

« L'entrepreneur de journal, s'écrieront ici triomphalement les avocats du tarif, paie donc, de votre aveu même, 35 centimes, soit environ 30 0/0 de plus que le libraire à qui, en violation des principes, mais pour favoriser les sciences et les lettres, le fisc accorde un *privilége* dont il devrait lui savoir gré..... »

Malheureusement le libraire qui, comme l'entrepreneur de journal, n'emploierait que du papier à chandelles, courrait grand risque de ne jamais rencontrer le placement rémunérateur de sa marchandise. Il lui faut se servir d'un papier mieux conditionné, plus beau, et partant pesant davantage. D'où il résulte que son volume de trente feuilles pèse tout près d'un kilogramme et alors coûte *un franc* d'affranchissement. A nombre égal de feuilles, mais par suite de la différeuce de poids du papier par lui employé, il n'a donc plus sur l'entrepreneur de journal qu'un avantage de 20 centimes, et son *privilége* se réduit à une modération de taxe d'un *sixième* (n'oublions pas que le *journal* paie encore, en matière de timbre 40 0⟨0, et l'an prochain paiera 400 0⟨0 de moins que la pauvre affiche !).

« — Eh bien ! dira-t-on, que votre libraire, pour bénéficier de sa différence de 35 centimes (ou près de 30 0⟨0), n'emploie lui aussi que du papier à chandelles ; et il jouira sans difficulté des faveurs toutes spéciales, de l'*énorme* PRIVILÉGE que le gouvernement a accordé à son commerce dans l'intérêt de la littérature et des sciences ; ce volume pour lequel on ne lui réclame que 85 centimes, représentant en définitive, à poids égal, dans les malles de l'administration *quatre-vingt-une* lettres particulières qui, taxées à raison de 20 c., eussent produit à l'État 16 fr. 20 c., c'est-à-dire une somme DIX-NEUF FOIS plus considérable. »

Cela est incontestable. Cependant remarquez que, taxé comme lettre particulière, le journal, en raison de son poids, paierait non pas 4, mais 80 centimes ; et qu'à ce taux, ses 30 feuilles auraient produit à l'État une recette de 24 francs, c'est-à-dire *vingt fois* plus considérable ; par conséquent, que l'entrepreneur de ce journal gagne de la sorte 22 fr. 80 c. là où le libraire ne peut bénéficier que de 15 fr. 35 c. ; d'où un avantage évident de 30 0⟨0 pour l'entrepreneur de journal.

Et puis, notez bien que, pour bénéficier de cette différence de taxe de 30 0⟨0 sur la somme exigée du journal pour le même service, il faudrait que le libraire, en raison de la nature d'un grand nombre d'opérations propres à son commerce, pût toujours, à l'instar de l'entrepreneur de journal, expédier ses 30 feuilles une à une, au fur et à mesure que la presse les vomit. Or vous paraissez oublier qu'à cet égard, la partie est loin d'être égale entre ces deux industriels, puisque si le libraire s'avisait de vouloir détailler ses 30 feuilles et les expédier une à une à ses pratiques, il devrait payer à la poste, non plus 2 centimes et 9 dixièmes, non pas même 4 centimes, mais 7 centimes pour chacune de ces 30 feuilles, ce qui fait pour le tout 2 fr. 10 c., c'est-à-dire QUATRE-VINGT-DIX CENTIMES de plus qu'il n'en coûte à l'entrepreneur de journal.

Donc ici encore comme toujours, c'est l'entrepreneur de journal que la loi fiscale — sans le vouloir, par inadvertance, nous l'admettrons — favorise au mépris des *grands principes de* 1789. Ils exigeraient en effet absolument que, par assimilation aux produits de la librairie, il payât par an à la poste, pour le transport de ses 360 feuilles, non pas 14 fr. 40 c., mais VINGT-CINQ FRANCS 20 c.

Aussi, que résulte-t-il de la prétendue faveur toute particulière accordée à la librairie *dans l'intérêt des sciences et des lettres*? C'est que ce genre d'industrie, dont la production annuelle dépasse 150 millions, ne peut expédier par la poste que la *cinq millième* partie de ses produits, de simples *échantillons* comme tous les autres commerces ; c'est que les envois de librairie n'ont jamais figuré que comme exceptions et comme quantités infinitésimales dans le mouvement général des expéditions d'imprimés, presque exclusivement absorbé par le service des journaux ; c'est que l'industrie journalistique, moins favorisée en apparence, a toujours trouvé, au contraire, l'élément le plus puissant de sa prospérité dans l'*obligation* où elle est de faire transporter par l'État au delà des deux tiers de sa fabrication, tout en payant à la poste 30 0[0 de plus qu'il n'en coûterait à la librairie pour le transport d'un poids égal de marchandises (1).

(1) Il n'est pas hors de propos de constater ici les conditions commerciales dans lesquelles ces deux marchands se trouvent respectivement placés.

Le *libraire-fabricant* vend la feuille de papier de 15 à 25 centimes, et en moyenne 20 centimes, avec une remise au détaillant intermédiaire variant de 20 à 33 pour cent ; en moyenne 20 pour cent.

Avec 90 feuilles il confectionne trois volumes de 480 pages et du prix de 6 francs chaque ; mais, déduction faite de la remise à l'intermédiaire, il ne retire de ses trois volumes que 13 francs 50 centimes.

Il vend a l'intermédiaire à trois mois de terme, et il n'est pas rare, au bout de ce délai, de voir l'intermédiaire ne lui rien payer du tout.

L'*entrepreneur de journal* ne peut jamais rien perdre, car il exige qu'on lui paie toujours 90 feuilles (*un trimestre*) d'avance.

Frais de timbre déduits et laissés à la charge de l'abonné, il vend cette même feuille 9 centimes (soit, pour les 90 feuilles du trimestre, 8 francs 10 centimes, et, déduction de la remise de 50 centimes faite au commissionnaire intermédiaire, 7 francs 60 centimes *net*).

Mais l'abonné ne reçoit *en réalité* que la moitié de la feuille par lui payée, l'autre moitié étant occupée par des annonces dont il n'a que faire et qui sont grassement payées à l'entrepreneur par des tiers. On lui avait promis 6,000 lignes de politique ou de littérature par jour. On ne lui en livre que la *moitié*. Il avait compté consommer ainsi dans son trimestre 540,000 lignes à sa convenance. On ne lui en sert, dans les 90 feuilles qu'il a payées d'avance 8 francs 10 centimes, que 270,000 qui eussent pu et dû tenir dans 45 feuilles loyalement remplies. Donc il est exact de dire qu'il ne reçoit *en réalité* que 45 feuilles au lieu de 90, et qu'en fait il paie la feuille *loyalement* fabriquée, non pas 9, mais bien 18 centimes. Dans ces conditions-là, les 90 feuilles de son trimestre lui reviennent à 16 francs 20 centimes, plus les frais de timbre et de poste.

Donc, avec son abonné, l'*entrepreneur de journal* tire 15 francs 70 centimes, *toujours payés d'avance*, de 90 feuilles de papier, dont le *libraire-fabricant*, s'il parvient à les vendre, ne tire que 13 francs 50 centimes. L'avantage en faveur de l'entrepreneur de journal est de 2 francs 20 centimes.

Là ne se bornent pas les conditions d'infériorité du *libraire-fabricant*.

S'il fabrique un ouvrage de 90 feuilles d'impression (3 volumes de 480 pages chacun), tiré à 5,000 exemplaires, il ne peut pas, comme l'entrepreneur de journal, imprimer son livre sur du papier à chandelles.

Il y a nécessité pour lui d'employer un papier meilleur, et qui lui coûte au moins 20 pour cent plus cher. Plus soignée aussi, son impression lui revient à l'avenant.

Son opération est toujours d'une nature essentiellement aléatoire, et trop souvent elle est pour lui une cause de ruine.

Vendant à terme, il ne peut pas toujours payer comptant ses fournisseurs ; de là pour lui des conditions de fabrication toujours onéreuses.

En tous cas, son opération exige de lui une mise dehors d'au moins 30,000 francs,

Les avocats du privilége traiteront sans doute nos rapprochements de misérables arguties ; mais ces chiffres, parfaitement exacts quoique minuscules, paraîtront peut-être plus concluants aux lecteurs qui réfléchiront qu'on est ici en présence d'un fait brutal, incontestable.

Le service des postes coûte à l'État 61,913,313 fr. ; il produit 79,154,000 fr. D'où un excédant de recettes de 17,340,687 fr.

Le produit du transport des lettres, journaux, livres et imprimés de toute espèce est de 71,907,000 fr.

On ne trouve pas de détails dans le compte général des finances, mais nous croyons ne pas être bien loin de la vérité en disant que, dans ce chiffre d'ensemble, la taxe perçue sur les journaux et les livres ne dépasse pas de

et il doit s'estimer heureux si dans un délai moyen de deux années, il est rentré dans ses débours.

Il a espéré bénéficier de 36,500 francs s'il vendait immédiatement toute l'édition. Par l'intérêt rongeur du capital engagé, par les pertes inévitables qu'il essuie de la part de quelques intermédiaires, par le non-placement de la totalité de son édition, par la nécessité où il ne se trouve que trop souvent de vendre son reste d'exemplaires comme papier à la livre, son profit réel est, trois fois sur quatre, réduit des deux tiers.

Il a risqué 30,000 francs avec lesquels il a bien de la peine à en gagner 12,000 en deux ans de temps. Gros-Jean il était, Gros-Jean il est demeuré.

L'*entrepreneur de journal*, lui, ne tire que le nombre d'exemplaires strictement nécessaire pour expédier les abonnements qu'on lui a *payés d'avance*.

Ses abonnés sont pour lui des bailleurs de fonds à qui il ne sert pas d'intérêt.

Muni de leur argent, il peut toujours faire fabriquer dans les meilleures conditions possibles, puisqu'il est ainsi en mesure de payer partout comptant et sans escompte.

Il n'a jamais en magasin de marchandises vieillies, défraîchies et sans valeur.

Cinq jours au plus après l'expédition de chacune de ses feuilles, il n'en reste plus la moindre trace. C'est l'abonné-bailleur de fonds qui prend lui-même le soin de les envoyer à la beurrière, quand il ne les anéantit pas de quelque autre façon.

S'il réunit 5,000 abonnés (et quel journal de Paris n'a pas au moins 5,000 abonnés!) l'entrepreneur a toujours en compte courant chez son banquier au moins une trentaine de mille francs provenant de 5,000 trimestres à 13 fr. 50 c., payés d'avance, et qu'il ne dépense qu'au fur et à mesure, en timbre, papier, etc. C'est là pour lui un capital dont le banquier lui tient compte à quatre du cent.

Ces 5,000 trimestres, à 7 fr. 60 c. nets, font une somme de 38,000 francs qui couvre tous ses frais de fabrication généralement quelconques, et il dispose de 270,000 lignes d'annonces qui, ne les vendît-il que 5 centimes, lui font un bénéfice net de 13,500 francs à multiplier par quatre pour l'année entière. Il gagne donc avec son journal 50,000 francs par an.

N'est-il pas tout naturel que les *grands faiseurs*, s'ils se sont parfois égarés dans de vulgaires opérations de librairie (que jamais ils n'eurent la patience de mener à bonne fin), soient toujours revenus avec amour au journal? D'ordinaire, cela ne sert-il pas de prétexte à l'émission d'un gros capital représenté par des actions qui toujours trouvent preneurs? En cas d'insuccès (on en a des exemples), quoi de plus consolant que de penser qu'on n'a perdu que l'argent des autres tout en menant joyeuse vie? Et puis, à ce métier-là ne finit-on pas en outre quelquefois par passer à l'état de personnage politique incontesté, avec qui le pouvoir lui-même est tenu de compter?

beaucoup une somme totale de 2,500,000 fr. D'ailleurs une couple de 100,000 francs de plus ne changerait rien à la question.

Or la librairie n'expédie par la poste que 1,500,000 feuilles vendues au public 300,000 fr. et représentant 3,000 rames de papier du poids de 17,500 grammes chacune : soit ensemble 52,500 kilos ; tandis que les entrepreneurs de journaux, recueils périodiques et autres imprimés envoient ainsi 72 millions de feuilles qu'ils vendent de 13 à 14 millions de francs, et représentant 144,000 rames d'un poids total de 1,260,000 kilos. C'est donc ensemble 73,500,000 feuilles ou 147,000 rames du poids total de 2,712,500 kilos, et, à raison de 4 c. la feuille, devant produire à l'État 2,926,000 fr. Mettons, pour avoir un chiffre rond, 3 millions de francs — dont la 150e partie seulement fournie par la librairie, — que nous déduirons des 71,240,687 fr. produits par ce chapitre. Restera 68 millions de francs comme produit de la taxe perçue sur les lettres.

Pour arriver à cette somme, il faut que la poste transporte TROIS CENT QUARANTE MILLIONS de lettres taxées à 20 c., du poids de 10 grammes chacune et représentant ensemble par conséquent 3,400,000 kilos.

Les lettres ne pesant guère dans les malles de l'administration qu'un tiers de plus que les journaux et imprimés de toute nature, elles ne devraient aussi produire qu'un tiers de plus pour taxe de port, soit, en chiffres ronds, *quatre millions* de francs.

Que si l'on veut qu'il soit tenu compte de l'énorme différence du nombre d'articles séparés qui s'expédient de la sorte (340 millions de *lettres* contre 73,500,000 *journaux* et *imprimés*), alors ces TROIS CENT QUARANTE MILLIONS de lettres — qui ne pèsent chacune que 10 grammes et qu'on assimile pourtant aux journaux dont chaque feuille pèse 33 grammes — taxées à 4 centimes, ne produiraient encore que 13,860,000 fr. D'où il suit qu'il y a ici surtaxe de CINQUANTE-QUATRE MILLIONS.

Le journal de 33 grammes, taxé à l'égal de la lettre, paierait, non pas *quatre*, mais *quatre-vingts centimes* ; et le produit du transport des 73,500,000 journaux et imprimés figurerait au budget des recettes, non pas pour TROIS, mais pour CINQUANTE-HUIT MILLIONS.

Donc il y a ici, d'une part modération de taxe équivalant à une remise de 55 millions consentie au détriment du Trésor à un certain nombre de privilégiés, à chacun desquels elle profite pour une somme de 273 fr. 80 c. ; et d'autre part, pour la totalité des contribuables, aggravation énorme de taxe grâce à laquelle le fisc récupère et au delà, *aux dépens* des uns, le sacrifice qu'il vient de faire *en faveur* des autres.

Les UNS, ce sont TRENTE-SIX MILLIONS de Français que les *grands principes de* 1789 déclarent égaux devant la loi comme devant l'impôt, astreints à supporter leur quote-part dans les diverses charges publiques proportionnellement à leur fortune, et qu'on rançonne toutes les fois qu'ils reçoivent une lettre d'un parent, d'un ami, d'un commettant ; les AUTRES, les *privilégiés*, ce sont les 200,000 abonnés que, grâce à cet exorbitant privilége postal, les journaux de Paris ont pu recruter en province au grand détriment, on peut même dire pour la *ruine* des journaux de départements.

Qu'on nous permette d'insister sur ce fait, en en simplifiant encore la démonstration, afin d'en mieux faire apprécier les conséquences.

Ainsi, il part tous les jours de Paris pour la province 200,000 feuilles de journaux pesant 7,000 kilos et produisant au Trésor une somme de 8,000 fr.; et les mêmes malles emportent chaque jour aussi 900,000 lettres, ne pesant que 9,000 kilos, soit 2,000 kilos de plus que les journaux, qui, à poids égal, ne devraient donc produire que 10,286 fr., ou encore, à la rigueur, et taxées à l'instar des journaux comme autant d'articles distincts, 36,000 fr. ; et qui cependant, à raison de 20 centimes chacune, donnent lieu à une perception de 180,000 fr. — Différence en plus : CENT QUARANTE-QUATRE MILLE FRANCS...

Il faut donc que tous les jours NEUF CENT MILLE citoyens, à tour de rôle, paient ensemble une somme totale de 144,000 fr. *en trop*, soit chacun 16 centimes, — et cela, chacun aussi un peu plus de 9 fois par an, — pour que 200,000 privilégiés, toujours les mêmes (1), puissent ne payer que 8,000 fr., — soit 4 centimes chacun, — ce qui devrait leur coûter CENT SOIXANTE MILLE FRANCS, ou à chacun 80 centimes (par an CINQUANTE SEPT MILLIONS SIX CENT MILLE francs, au lieu de 2,926,000).

*
* *

La violation des *grands principes de* 1789, l'oubli des plus simples notions d'équité sont ici tellement manifestes, que toute dénégation serait impossible.

Aussi, les nombreux intéressés à la prolongation indéfinie d'un état de choses dans lequel ils s'enrichissent commodément, et les partisans de la routine, ennemis nés de tout ce qui est réforme, essaieront-ils d'établir que

---

(1) La Restauration avait ses 180,000 électeurs privilégiés, qui, du moins, payaient chacun 300 francs d'impôt direct.

La branche cadette crut faire merveille en abaissant le cens à 200 francs, et nous dota ainsi de 120,000 électeurs de plus.

Le gouvernement issu du suffrage universel se gardera bien de jamais laisser se reconstituer un corps électoral *privilégié*; pour lui, tous les citoyens seront toujours *égaux*.

Par quelle bizarre inconséquence laisserait-il subsister aujourd'hui un corps de 200,000 *privilégiés* d'un genre particulier, qui se font adresser tous les jours de Paris, au prix de 4 centimes de port, une correspondance *imprimée*, mais pesant autant que quatre lettres, et qui ne paient à l'État que 14 francs 40 centimes par an, pour un service qui devrait leur coûter 288 francs ?

le service des postes étant un *service public*, il n'y a pas ici de *privilége* proprement dit, puisque *tout le monde* a le droit d'expédier un journal par la poste aux mêmes conditions, et que la modération de taxe qu'on dénonce a été accordée dans l'intérêt général.

L'intérêt général ! voilà le grand argument que nous opposeront nos contradicteurs, et à ce propos, ils invoqueront surtout l'opinion de Benjamin Constant, qui disait un jour à la tribune :

« Les journaux sont un besoin public. Ils sont un besoin d'une espèce
« spéciale et très-importante... Les journaux sont l'unique moyen de com-
« munication entre les habitants d'un même pays que séparent de grandes
« distances. Ils remédient au danger le plus inhérent aux grands empires,
« celui de l'isolement des individus et même des provinces ; isolement qui
« les empêche de profiter des découvertes, des améliorations les uns des
« autres. Rappelez-vous ce que le gouvernement vous a dit souvent sur
« l'utilité des canaux et des grandes routes, comme moyens de communi-
« cations matérielles : les journaux sont les canaux et les grandes routes qui
« favorisent les communications intellectuelles. Écartez un instant l'idée de
« leurs abus qui vous frappent, par ce qu'ils existent, et réfléchissez au
« mal que produirait leur absence s'ils n'existaient pas. Les journaux, dans
« un État comme la France, sont une condition indispensable de la sûreté
« personnelle des citoyens. »

Assurément ce sont là de grandes, de magnifiques paroles, qui à 40 ans de distance n'ont rien perdu de leur vérité ni de leur actualité, et c'est pour nous une bien vive satisfaction de voir qu'à cet égard nos idées propres ne diffèrent sur aucun point de celles de l'illustre parlementariste.

Mais les abus criants que chacun signale aujourd'hui dans l'industrie spéciale qui a pour objet la publication de journaux de toute nature, peuvent être réformés sans que l'existence même de ces journaux, comme *grandes voies de communications intellectuelles*, s'en trouve en rien compromise.

Oui, dans un pays comme le nôtre, on ne multipliera jamais trop les canaux, les routes impériales et départementales, les chemins vicinaux... et même les journaux, afin qu'ils ne soient plus que ce qu'ils devraient être.

Or, c'est précisément pour multiplier les journaux, « ce besoin public d'une espèce *spéciale* et très-importante, cette condition indispensable de la sûreté personnelle de tous les citoyens », que nous réclamons l'abolition des monopoles dont jouissent encore aujourd'hui les papiers publics, partout où il s'en publie en France ; et ensuite, la suppression d'un privilége postal qui ne profite qu'à 200,000 intéressés, au détriment de 36 millions de contribuables ; d'un privilége par suite duquel les journaux de province ne peuvent que végéter misérablement, tandis qu'il livre la France entière aux seuls journaux de Paris, pour être par eux exploitée tant sous le rapport industriel et commercial qu'au point de vue politique, inséparable de l'exercice de la liberté de la presse...

*
* *

Nos contradicteurs nous objectent qu'il n'y a pas ici de privilége, attendu que tout le monde peut *expédier* un journal par la poste, et sur tous les points du pays, aux mêmes conditions que l'entrepreneur du journal parisien.

Tout le monde peut expédier, sans aucun doute, mais *tout le monde ne peut pas publier*...

D'ailleurs, voyons ce qu'il en est réellement de la prétendue égalité de conditions dans laquelle se trouveraient du moins placés tous les *journaux existants*.

Le prix du port d'un numéro de journal est de *deux centimes* dans l'intérieur d'un département et dans les départements qui lui sont limitrophes, et de *quatre centimes* pour tous les points indistinctement situés au delà de ces limites.

Il n'y a pas ici, entre *journaux de Paris* et *journaux de province*, de distinctions du genre de celles que la loi a très-sagement et très-équitablement établies pour la quotité des cautionnements à fournir, de même que pour les droits de timbre fixés à 6 centimes pour Paris et à 3 centimes pour les départements. Rigidement égalitaire sur ce point, le tarif ne connaît ni Grecs ni Troyens ; et il en coûte à tout journal 7 fr. 20 c. par an, pour être transporté et distribué par la poste dans toute l'étendue du département où il est publié, ainsi que dans les départements circonvoisins, et 14 fr. 40 c. hors de cette limite.

Le législateur avait cru suffisamment sauvegarder les intérêts du journal départemental par une différence de moitié sur les droits de timbre imposés au journal parisien, en ne demandant à l'un que 10 fr. 80 c. par an, tandis que l'autre doit payer 21 fr. 60 c.

L'intention était excellente : malheureusement les faits sont là qui prouvent que les avantages concédés à la presse de province, pour la mettre en état de lutter contre la presse de Paris, sont rendus tout à fait illusoires par l'égalité du tarif postal, qui est en contradiction avec toute la législation spéciale qui régit ces matières.

Par la force même des choses, il est impossible à la presse de province d'expédier plus de *quatre à cinq pour cent* de ses exemplaires hors de la circonscription administrative qu'elle doit normalement exploiter; tandis que, grâce au prix minime du port hors des limites du département, le journal parisien vient lui faire une écrasante concurrence sur son propre terrain. Pour y arriver, il en coûte 4 centimes de droits de poste. Mais, afin de se faire ainsi en province aux dépens des feuilles locales une nombreuse clientèle — *base de son trafic d'annonces, en même temps que pour élargir ainsi la sphère de son influence politique,* — le journal parisien, qui en définitive vend à Paris *neuf centimes,* une feuille de papier dont le prix de revient est *quatre* centimes, consent à ne vendre alors cette même feuille qu'avec un bénéfice de 75 0[0, en prenant à sa charge particulière, sur le prix du port, *deux* centimes dont il fait cadeau à son abonné de province, auquel dès lors il ne demande que 8 fr. *pour frais de port,* au lieu des 14 fr. 40 c. qu'il paie lui-même pour ce service à l'administration des postes. De cette manière, l'abonné de province d'un journal de Paris ne dépense pas plus, comme port, que s'il recevait la feuille publiée au chef-lieu de son département. Celle-ci cesse donc d'être protégée contre la concurrence du journal parisien, par une différence de deux centimes sur les frais de transport, et n'a plus pour se défendre que sa différence de trois centimes sur le timbre. Mais cette différence se trouve le plus souvent réduite à 2 centimes seulement, le plus grand nombre des journaux de Paris consentant à l'abonné de province une réduction non pas de *deux,* mais de tout près de *trois centimes* sur les frais de port. Certains les prennent même complètement à leur charge, et y trouvent encore du profit.

Et maintenant qu'on s'étonne de voir la presse de Paris expédier en province plus des deux tiers de son tirage, et se vanter d'y compter 200,000 abonnés avec plus de *quatre millions de lecteurs!*

Ces chiffres doubleront même infailliblement avant peu d'années d'ici. En effet, ainsi que nous l'avons déjà fait observer, le journal parisien trouve aujourd'hui dans la *vente au numéro* le plus puissant des moyens de propagation, un moyen produisant toujours du bénéfice au lieu d'être toujours une perte sèche comme les *essais* qu'autrefois il envoyait gratis et au hasard. La *vente au numéro* rendra sa lecture de plus en plus générale et en répandra l'habitude dans les communes les plus éloignées de tout centre d'activité intellectuelle.

Placé par un tarif postal illusoirement égalitaire dans des conditions évidente d'infériorité commerciale, hors d'état de jamais tirer de la vente de sa publicité un parti aussi avantageux que son concurrent, comment le journal départemental pourrait-il consentir au public des réductions de prix dont l'annonce seule doit faire les frais? Comment ne succomberait-il pas dans une lutte où tout est contre lui ?

La conséquence d'un tel état de choses, c'est qu'il ne se publie guère qu'une vingtaine de journaux quotidiens dans nos départements (celui de la Seine excepté), tandis que sans le privilége postal de la presse parisienne on en compterait au moins dix fois davantage.

Ainsi s'effectuerait *à bien meilleur marché* cet échange rapide de communications intellectuelles entre les diverses parties du territoire, élément essentiel de force et de cohésion politiques pour le pays, et qui, plus que jamais, constitue un besoin public, un besoin aussi impérieux que le besoin de grandes routes, de canaux et de voies ferrées, un besoin auquel il peut être donné ample satisfaction rien qu'en se conformant à l'axiome fondamental de la science économique, « laissez faire, laissez passer », sans qu'il soit nécessaire de recourir à la ruineuse intervention du monopole et du privilége.

*
* *

Le journalisme parisien a sans doute trop de modestie pour essayer de justifier les faveurs dont il est l'objet de la part du fisc, en prétendant avec M. J. Prudhomme qu'après tout il les mérite bien, puisque *seul* il est en mesure de défendre les libertés publiques contre les usurpations du pouvoir; puisque *seul* il peut efficacement contribuer à la diffusion des lumières et à l'instruction des masses ; puisqu'en insufflant une pensée commune à nos provinces, il peut *seul* conserver à la France cet admirable caractère d'unité qui fait tout à la fois sa puissance et sa grandeur...

Ces belles phrases, et bien d'autres encore *ejusdem farinæ*, ont fait leur temps et sont absolument sans valeur à une époque positiviste comme la nôtre.

Le *télégraphe électrique*, voilà le gazetier par excellence, le grand journaliste de nos jours !

Il est appelé à opérer dans l'exploitation politico-commerciale de l'opinion une réforme aussi féconde, aussi radicale que celles que nous avons vu s'accomplir dans l'industrie manufacturière par l'emploi de la vapeur comme force motrice, et dans l'industrie des transports par les chemins de fer.

Or n'est-ce pas le pouvoir, quel qu'il puisse être, qui toujours en tiendra les fils ?

Donc plus de prétexte plausible pour le maintien du privilége postal dont jouit le journalisme parisien.

Les journaux de province ont toujours été, et sont aujourd'hui plus que jamais, en mesure d'approvisionner leur clientèle naturelle de *dernières nouvelles*, douze et même vingt-quatre heures avant les journaux de Paris.

Partout ils peuvent aussi bien « défendre les libertés publiques et les grands
« intérêts nationaux, surveiller le pouvoir, dénoncer les abus, servir ainsi à
« la sécurité personnelle des citoyens, mettre fin à l'isolement des localités
« et des individus, contribuer à la diffusion des lumières et à l'instruction
« des masses... » Afin de faire de cet attrayant programme une complète
vérité, il ne leur manque plus qu'une chose : un nombre d'abonnés suffisant
pour couvrir les frais qu'en entraînerait la complète exécution. Ces abonnés,
ils les recruteraient dans leurs départements respectifs, s'il n'y rencontraient
point l'écrasante concurrence des journaux de Paris que l'administration
des postes se charge d'y transporter et distribuer gratis ou à peu près, et
qui toujours sont antidatés pour mieux tromper le public. Rendez aux journaux de province les 200,000 abonnés que la presse parisienne vient ainsi
leur enlever, et ils n'auront pas de peine à être aussi bien rédigés que leurs
rivaux, à offrir une lecture tout aussi variée, tout aussi intéressante, tout
aussi instructive.

*
* *

Du moment où l'Etat aura renoncé au monopole du transport des
feuilles publiques, celles de la capitale n'auront plus droit à une exception,
à une modération de taxe, à un privilége postal quelconque. Elles rentreront
enfin à cet égard dans le droit commun, comme le veulent les *grands principes de 1789.*

Le *Journal des Débats* a fièrement déclaré lui-même que le journalisme
parisien ne tenait pas du tout à conserver son privilége postal, et que le
jour où l'Etat renoncerait à son monopole du transport, les journaux de
Paris auraient à leur disposition VINGT moyens de se faire transporter et
distribuer sur tous les points de la France *à bien meilleur marché que par
l'intermédiaire de l'administration des postes...* Prenez-le au mot, sauf à
lui se démentir suivant son habitude.

Vous avez déjà abandonné l'autorisation préalable, ainsi que le droit
discrétionnaire de suspension et de suppression ; vous avez, en outre,
affranchi les journaux politiques et littéraires de l'impôt du timbre. Achevez
votre œuvre de réformation de la presse périodique, conformément au véritable esprit des *grands principes de 1789,* en renonçant désormais à vous
imposer à elle comme intermédiaire pour le transport et la distribution de
ses produits ; et qu'elle ait, à l'avenir, la *faculté,* mais non l'*obligation* de
se servir de la poste pour ce détail de sa fabrication et de son exploitation.

— C'est donc une abdication complète que vous nous prêchez là !
s'écrieront les partisans de la routine tout désorientés...

Qu'ils se rassurent : ici encore les intérêts du pouvoir et ceux du trésor seront également bien sauvegardés, en même temps qu'un gouvernement grand et fort donnera une nouvelle satisfaction à l'opinion publique en consacrant une fois de plus le salutaire principe de la liberté commerciale et en rétablissant ainsi, au grand profit de la vérité dans le jeu normal et régulier de nos institutions, mises à l'abri de toute pression illégitime, l'équilibre dérangé par les conséquences forcées d'une législation routinière et imprévoyante.

*
* *

Le journal est un besoin public « d'une espèce spéciale » trop importante pour qu'on n'en facilite pas, autant que possible, la publication, ainsi que la circulation dans sa sphère naturelle d'action. L'Etat ne doit donc pas seulement le laisser maître de choisir ses moyens de transport et de distribution, il faut, en outre, qu'il mette à sa libre disposition le service de transport des dépêches et correspondances organisé dans un intérêt public par l'administration sur tous les points du pays ; service dont les frais sont faits par ceux des contribuables qui l'utilisent pour leurs besoins particuliers.

Remédiant au danger le plus inhérent aux grands empires, celui de l'isolement des individus et même des provinces, le journal mérite bien d'être, de la part du fisc, l'objet d'une exception là où il est appelé à servir de grande voie de communications intellectuelles.

Donc le tarif postal actuel ne doit pas être modifié en ce qui touche le prix du transport du journal *dans le département où il est publié et dans les départements limitrophes.*

Mais quand le journal prétend franchir ces limites, quand, au lieu de se borner à donner, dans sa sphère naturelle d'action, satisfaction à un besoin public, il aspire à devenir une grande affaire politico-commerciale et à exercer de l'influence sur le pays tout entier en lui imposant ses vues et ses idées particulières, les *grands principes de* 1789 veulent que cette spéculation, — parfaitement licite, — ne rencontre aucun obstacle de la part de l'administration, mais ne soit non plus l'objet d'aucune faveur propre à en assurer le succès, et de nature à nuire ainsi à des tiers.

Dès lors, il est de toute justice que le journal expédié par la poste hors de son département et des départements circonvoisins, — la feuille de province aussi bien que la feuille de Paris, — soit considéré et taxé comme *correspondance.*

Eu égard à la nature particulière de cette correspondance, qui est *imprimée* et envoyée *sous bandes*, au lieu d'être comme la lettre *manuscrite* et *cachetée*, elle sera assimilée à la lettre simple, quoique pesant quatre fois plus (jusqu'à 40 grammes), et soumise à la taxe de *vingt centimes* seulement.

*
* *

Voilà donc l'œuvre de la réforme enfin complétée et achevée par une simple modification de tarif opérée dans le véritable esprit des *grands principes de* 1789 !

Voilà la presse périodique, désormais *parcellée, décentralisée* et *localisée* au grand profit de la stabilité de nos institutions !

*
* *

Résumons cette situation si nouvelle....

Le journal paraît partout en France sans autorisation préalable.

La publication n'en peut être suspendue ou supprimée que par l'autorité judiciaire.

La vente au numéro est, sauf d'insignifiantes exceptions, le seul mode d'exploitation commerciale qu'il puisse employer.

La vente au numéro ne peut avoir lieu dans des conditions rémunératrices que sur la voie publique ou par colportage.

L'autorité administrative demeure investie du droit d'accorder, refuser ou retirer les autorisations à ce nécessaires.

Le journal est affranchi du timbre toutes les fois qu'il reste purement politique ou littéraire.

Il ne peut se vendre partout plus de 5 ou de 10 centimes, suivant le format par lui adopté.

Il ne devient une publication réellement lucrative qu'à la condition d'insérer des annonces, et alors le timbre dont il est frappé est payé, non par les lecteurs, mais par les individus à qui ces annonces doivent profiter.

Il lui est loisible d'employer tels modes de transport et de distribution qu'il juge les plus convenables à ses intérêts, à la charge de rester, sous ce rapport, soumis aux divers règlements de police relatifs au colportage.

Dans ces conditions, par conséquent, la feuille paraissant à Paris peut être expédiée à Rouen (ou bien plus loin encore), en rames ou paquets par chemin de fer, et se vendre là aussi au numéro sur la voie publique en concurrence aux journaux locaux..., si l'acheteur ne finit point par s'apercevoir — et cela ne saurait beaucoup tarder — que la feuille parisienne ne lui sert que des nouvelles et des faits que, grâce au télégraphe électrique, il a déjà pu lire douze heures auparavant dans les journaux de sa localité.

Vice versa, la feuille provinciale est libre de venir faire concurrence sur les boulevards de la capitale aux feuilles parisiennes.

Les unes ne portent pas plus que les autres l'estampille du fisc, si elles s'abstiennent du trafic de la publicité ; et alors même qu'elles sont timbrées parce qu'elles contiennent des annonces, elles ne peuvent pas augmenter pour cela leur prix de vente.

Quand elles ont recours à la poste pour servir régulièrement des abonnés habitant des localités isolées, l'administration, moyennant 2 centimes — représentant la remise faite aux vendeurs et colporteurs intermédiaires — se charge de les transporter et de les remettre au domicile indiqué, dans les départements de la Seine-Inférieure, du Calvados, de l'Eure, de l'Oise et de la Somme, par exemple, pour la feuille rouennaise ; de la Seine, de Seine-et-Oise et de Seine-et-Marne, pour la feuille parisienne, et ainsi de suite.

Le prix de l'abonnement *servi par la poste* oscille entre 25 et 36 fr. par an, au *maximum*.

La feuille publiée à Paris peut toujours trouver partout où il y a voie ferrée le placement d'un grand nombre d'exemplaires vendus sur la voie publique ou colportés par des *newsmen*, et cela jusqu'aux extrémités du pays. Quand elle veut servir directement et régulièrement des pratiques habitant des localités isolées hors de la Seine, de Seine-et-Oise et de Seine-et-Marne, elle avise comme elle l'entend au choix d'un des VINGT moyens dont elle dispose à cet effet avec le *Journal des Débats*. Mais alors elle ne peut employer l'intermédiaire de la poste qu'en payant une taxe de 20 centimes, comme une *correspondance* qui est de la part du fisc l'objet d'une modération de taxe à titre de *correspondance imprimée et adressée sous bandes*.

L'État n'entend entraver en rien des spéculations dont la pensée première provient de l'exercice d'un droit garanti à tous par la constitution, en conformité avec les *grands principes de* 1789, et montées à l'aide de puissants capitaux, non plus uniquement en vue de *créer* des voies de communications intellectuelles, mais pour en *monopoliser*, autant que possible, l'exploitation politico-commerciale ; en revanche, il n'est tenu envers ces entreprises à aucune faveur de nature à nuire à d'autres intérêts. Il laisse faire, il laisse passer ; *mais il ne porte pas gratis*.

D'où il suit que l'abonnement pris à une feuille de Paris expédiée par la poste hors des limites de la Seine, de Seine-et-Oise et de Seine-et-Marne, revient en *minimum* à 100 fr. (au lieu du prix actuel de 64 fr.) par an. La feuille de province se trouve placée dans des conditions exactement identiques quand elle s'expédie par la poste hors des départements où elle est publiée et des départements circonvoisins.

Cette surtaxe de port de la feuille parisienne expédiée hors de Seine-et-Oise et Seine-et-Marne, qui la paie ? Ce n'est pas l'entrepreneur, désintéressé jusqu'à un certain point dans la question. C'est le raffiné, qui ne saurait que penser des choses de la politique et de la littérature, s'il ne tirait pas de Paris directement et toute mâchée, sa nourriture intellectuelle de chaque jour, bien qu'elle ne lui arrive jamais ainsi que déjà quelque peu faisandée. Sa femme se croirait déshonorée et malheureuse, si elle ne se faisait pas expédier de la capitale par la bonne faiseuse ses bonnets, ses chapeaux et autres articles de modes ; mais jamais elle ne refusa d'en payer le port. Lui aussi, il a fini par prendre cette habitude si décente; il a compris que le temps des priviléges, quels qu'ils puissent être, est irrévocablement passé, et qu'en bonne conscience, il ne pouvait plus exiger que 36 millions de Français continuassent de se cotiser afin de lui rendre moins coûteuse et plus douce la lecture de son journal de prédilection, et pour qu'il ne payât toujours que 14 fr. 40 c., un service qui valait cinq fois davantage, qui à la rigueur devrait même être payé **288 fr.**

Il se publie à cette heure dans nos départements, au delà de 200 journaux quotidiens vendus de 5 à 10 centimes comme les journaux de Paris, mais qui, distribués par la poste, ne coûtent que 25 à 30 fr. par an ; et leurs tirages réunis dépassent de beaucoup le chiffre de 1,200,000 exemplaires. Ils sont pour le moins aussi bien imprimés, aussi bien rédigés et aussi bien renseignés ; et comme, grâce au télégraphe électrique habilement dirigé, ils font connaître dans leur sphère naturelle d'action, tous les faits de nature à intéresser le public douze heures plus tôt que les journaux de Paris, attardés par les nécessités matérielles de leur fabrication, ils n'ont plus rien à redouter de la concurrence que ceux-ci, grâce aux chemins de fer, viennent leur faire sur leur propre terrain. Ils timbrent en moyenne six fois par mois, afin de pouvoir publier des annonces ; de là, pour le trésor une recette dépassant quatre millions par an. Plus du tiers de leurs exemplaires sont transportés et distribués par la poste dans la circonscription territoriale que la nature même des choses leur assigne ; et de ce service rendu par l'administration en vue de faciliter les communications intellectuelles et de remédier ainsi au danger politique de l'isolement des individus et des localités, l'État tire un profit de 2,880,000 fr. qui remplace et au delà, la redevance que les journaux de Paris lui payaient jadis pour prix de leur privilége postal.

Les journaux de Paris, bien que tirant toujours au même nombre et quoiqu'on en compte une trentaine, n'expédient plus guère que de 25 à 30,000 exemplaires en tout, envoyés à des particuliers assez riches pour ne pas regarder à une dépense de 72 fr. de plus en fait de nourriture intellectuelle ; mais la poste chargée de la leur porter trouve encore là une recette d'environ deux millions.

Donc la réforme n'a nui en rien aux intérêts du Trésor, non plus qu'à ceux de la liberté ; et elle a parcellé, décentralisé et localisé une industrie dont la centralisation dans la capitale était un péril constant pour le gou-

vernement, « une industrie qui sans doute continue à avoir ses inconvé-
« nients comme les diverses autres industries incommodes ou dangereuses,
« mais hors d'état désormais de tenir en échec les grands pouvoirs consti-
« tutionnels et d'exercer une influence prépondérante sur la direction des
« affaires publiques. »

*
* *

De plus longs développements de notre pensée ne seraient peut-être pas
sans inconvénients, et les hommes politiques sauront bien lire entre les
lignes de notre travail. Il nous a été inspiré par une étude attentive du présent, à la suite de laquelle l'avenir n'a pu nous apparaître que bien incertain
et bien sombre.

En effet, les partis, vaincus mais implacables, ne font aucun mystère de
leurs projets, de leurs espérances. Déjà on les entend depuis longtemps
supputer hautement les probabilités qui doivent en amener la prochaine
réalisation ; et c'est en comptant les heures avec une frémissante impatience,
qu'ils attendent l'instant fatal, inévitable, où il leur sera enfin donné de
prendre une éclatante revanche de toutes leurs défaites passées.

On nous affirme qu'il n'y a plus rien à redouter de leur part ; que
toutes les éventualités ont été prévues, toutes les précautions prises... Nous
croyons qu'il n'y aura rien de fait, tant que la direction de l'opinion restera abandonnée aux journaux de Paris ; et le gouvernement impérial, suivant nous, ne parviendra jamais à les mater complètement qu'à l'aide *des
grands principes de* 1789.

Sans doute nos idées sont susceptibles de beaucoup de modifications et
de rectifications dans l'application ; mais elles ont incontestablement du vrai
et du bon, et, au besoin, elles trouveraient un appui puissant dans la presse
départementale..... Qu'il s'en produise de plus efficaces, de plus pratiques,
et nous serons des premiers à les appuyer.

1120. — Paris. — Imprimerie H. CARION, rue Bonaparte, 64.